Karl Jaspers/Rudolf Bultmann
Die Frage der Entmythologisierung

Dieses Buch markiert einen Wendepunkt in der Entwicklung modernen christlichen Denkens.

Bei der Auseinandersetzung um die Entmythologisierung geht es um weit mehr als etwa nur um eine bestimmte Frage der Theologie: Eine Kirche, in der die von Rudolf Bultmann verfochtene Entmythologisierung des Neuen Testaments – sie findet ihren Ausdruck vor allem in der Verneinung der leiblichen Auferstehung Christi – offiziell anerkannt würde, müßte tiefgreifende Änderungen ihres Wesens erfahren. Diese Wandlung aber würde einen starken Einfluß nicht nur auf Kirche und Glauben, sondern auf das allgemeine geistige Leben haben.

Die vorliegende Publikation vereint den Angriff, den Karl Jaspers mit dem 1953 auf dem Schweizerischen Theologen-Tag gehaltenen Vortrag gegen die Bultmannsche Position gerichtet hat, und dessen Erwiderung. Den Abschluß bildet Jaspers' Stellungnahme zur Entgegnung Bultmanns.

Diese Auseinandersetzung zwischen dem Philosophen und dem evangelischen Theologen wurde in den 50er Jahren in christlichen Kreisen – aber nicht nur dort – mit Leidenschaft diskutiert. Unter ihrem Einfluß entstand ein neues christliches Bewußtsein, das vom Denkstil rationalen Fragens und von der Verpflichtung auf intellektuelle Redlichkeit geprägt ist. Der Neuauflage dieser programmatischen Schrift ist ein Vorwort von Professor Heinrich Ott, Schüler sowohl von Jaspers wie von Bultmann, vorangestellt, das in die Wirkungsgeschichte der Entmythologisierungsdebatte einführt.

Karl Jaspers, 1883–1969. Studierte Jura, dann Medizin; Promotion in Heidelberg. Während seiner Assistentenzeit an der Psychiatrischen Klinik habilitierte er sich 1913 für Psychologie; 1916 Prof. für Psychologie. Von 1921 bis zu seiner Amtsenthebung im Jahre 1937 Prof. für Philosophie in Heidelberg. Wiedereinsetzung 1945. Von 1948 bis zu seinem Tod Prof. für Philosophie in Basel. Jaspers hat sich mit seinen Jugendwerken als Psychiater einen bleibenden Namen in der Geschichte dieser Wissenschaft geschaffen. Als einer der Gründer der deutschen Existenzphilosophie gelangte er zu Weltruhm. Seine Schriften sind in 25 Sprachen übersetzt.

Rudolf Bultmann, 1884–1976. Evangelischer Theologe, Professor für Neues Testament an verschiedenen deutschen Universitäten, von 1921 bis 1951 in Marburg. Hauptschriften: Geschichte der synoptischen Tradition 1921; Jesus, 1926; Das Evangelium des Johannes, 1941; Das Urchristentum, 1949; Theologie des Neuen Testaments, 1953; Marburger Predigten, 1956.

Serie Piper:

Karl Jaspers
Rudolf Bultmann

Die Frage
der Entmythologisierung

R. Piper & Co. Verlag

ISBN 3-492-00507-1
© R. Piper & Co. Verlag, München 1981
Umschlag Zembsch' Werkstatt, München
Gesetzt aus der Times-Antiqua
Gesamtherstellung Clausen & Bosse, Leck
Printed in Germany

Inhalt

Zur Wirkungsgeschichte der Entmythologisierungs-Debatte

Eine Einführung

Um Rudolf Bultmanns 90. Geburtstag (1974) herum waren Stimmen zu hören: Die Zeit des leidenschaftlichen Ringens um die Wahrheit und um die rechte Methode in der Theologie, die Zeit der Großen, die Zeit Bultmanns, Barths, Tillichs und Brunners, sei vorbei. Jene harten Debatten, wie wir sie in den fünfziger Jahren erlebt haben, gehörten der Vergangenheit an und hätten einer pluralistischen, weniger präzisen, pragmatischeren, weniger eifrig um die Wahrheit der Sache selbst bemühten Theologie Platz gemacht. Sei dem, wie ihm wolle: Die alten Fragen von damals verfolgen uns jedenfalls auch heute noch. Sie haben uns immer verfolgt, und sie werden eines Tages plötzlich mit unverminderter, unumgänglicher Dringlichkeit wieder vor uns stehen. Dann werden wir froh sein, wieder auf die Klassiker jener leidenschaftlich strebenden Theologengeneration zurückgreifen zu können.

Die Auseinandersetzung zwischen Karl Jaspers und Rudolf Bultmann, die hier in einer neuen Ausgabe vorgelegt wird, gehört zu den klassischen Texten jener bewegten Zeit. Die Frontlinien der theologischen (und kirchenpolitischen) Polemik verliefen damals zwar zumeist anders: Sie verliefen zwischen Barth und seinen Anhängern und Bultmann und seinen Anhängern. Sie verliefen zwischen den Vertretern oder Sympathisanten der im Bultmannschen Sinne verstandenen Entmythologisierung einerseits und den Vertretern einer christlichen Neo-Orthodoxie auf der andern Seite (zu welch letzteren sich Karl Barth nicht zählen mochte). Viele fühlten sich damals durch Bultmanns Entmythologisierungsprogramm befreit zu einem neuen, unbefangeneren Verkündigen des Evangeliums. Dies war ja auch stets die Absicht des Entmythologisierungsprogramms gewesen. Bultmann selber hat es zwar nachträglich bedauert, jemals den für viele so anstößigen Begriff »Entmythologisierung« geprägt zu haben, denn ihm lag nichts an diesem Wort. In der Sache aber war er unerbittlich: Er wollte mit seinem Programm der ehrlichen, lauteren Verkündigung Jesu Christi dienen – nur dies, dies aber mit ganzer Kraft. Doch nicht alle Zeitgenossen jener Debatten erkannten diese Absicht. Viele fühlten sich verunsichert durch Bultmann. Es gab eben auch damals eine verbreitete kirchliche (und in der Theologie sich widerspiegelnde) Ängstlichkeit, die mehr um einzelne »Glaubensinhalte« als um den Sinn des Glaubens im ganzen, mehr um kirchliche Redegewohnheiten sozusagen, mehr um Konformität als um Lauterkeit besorgt war. Und es gab zweifellos auch echte Sorge, indem es vielen, die die innerste Absicht Bultmanns nicht spürten, so vorkommen konnte, als werde bei ihm das Wesentlichste vom christlichen Glauben zum puren Mythos erklärt und über Bord geworfen. So mochte es damals für viele erleichternd und beruhigend gewirkt haben, als 1953 auf dem schweizerischen Theologentag sogar der in Basel lehrende Philosoph, der große Liberale und harte Kritiker aller religiösen »Absolutheitsansprüche« Karl Jaspers sich in vehementer Kritik gegen Bultmann wandte und dessen Entmythologisierung – bei allem Respekt vor dem großen Historiker Bultmann – bescheinigte, sie sei denkerisch betrachtet eine Sackgasse, ein theologischer Weg, der trotz sachlicher Berechtigung einzelner Aussagen als ganzer gesehen nicht wirklich weiter führe und der in den Nöten der Gegenwart nicht zu helfen vermöge.

Bultmann antwortete kurz, aber umfassend, in seiner knappen, luziden, zuweilen lakonischen Art. Schon allein Bultmanns Antwort in sich ist klassisch in dem Sinne, daß sie in der Schärfe einer genau gezielten Polemik sein Grundanliegen in all seinen Aspekten auf engstem Raum zusammenfaßt.

Die Hauptargumentation beider Gesprächspartner läßt sich in kürzester Form wie folgt resümieren. Jaspers erklärt: »Bultmanns Entmythologisierungsprogramm ist letztlich doch nichts weiter als ›Orthodoxie‹ im schlechten Sinne, ein starres Festhalten eines alten Absolutheitsanspruchs in neuer Form, und nicht geeignet, Glaubenshilfe zu gewähren.« Bultmanns Entgegnung: »Jaspers hat das hermeneutische Problem nicht wirklich verstanden.« Beide Voten sind äußerst typisch für die

Grundeinstellung wie für das Hauptanliegen der beiden Denker. Dabei spielt dann allerdings noch ein weiterer Strang der Argumentation mit hinein. Beide Denker sind um etwas besorgt, um das es ihnen beiden je in ihrer Weise zentral geht und an dem gemessen sie nicht zu leicht befunden werden möchten: die Kommunikation. In Jaspers' Philosophie der Existenzerhellung ist Kommunikation ein entscheidender Begriff. Sein entschlossenes Einstehen für Liberalität und Toleranz im Verhältnis der Religionen und Philosophien und gegen jeden geistigen oder politischen Totalitarismus eines »Totalwissens« geschieht um des Zieles und Wertes der Kommunikation willen. Aber auch die hermeneutische Aufgabe, auf die Bultmanns ganzes Denken ausgerichtet ist, bedeutet letztlich nichts anderes als Kommunikation. In der Auseinandersetzung möchte sich keiner der Gesprächspartner vorwerfen lassen, er sei es, der die Kommunikation, den Dialog abbreche oder verunmögliche. Jeder der beiden erhebt aber zunächst gerade diesen Vorwurf. Erst in Jaspers' Replik und in Bultmanns kurzem Schlußbrief erfolgt noch eine Annäherung im Zeichen der beiderseits betonten Kommunikationsbereitschaft.

Wer aufmerksam und – zunächst – neutral die Debatte verfolgt, erhält den übermächtigen Eindruck, daß hier ein wichtiges Gespräch nicht bis zum menschlich möglichen Ende ausgetragen worden ist – nicht ausgetragen zu Lebzeiten seiner ersten Gesprächspartner. (Jaspers war 70, Bultmann 69, als dieses Gespräch begann.) Das angefangene Gespräch harrt der Fortsetzung und Vertiefung durch andere Generationen. Für mich, nachdem ich mich in früher Zeit schon in der Entmythologisierungsdiskussion engagiert hatte, ist es reizvoll, nach einem Vierteljahrhundert zu der Gesprächslage von damals zurückzukehren und festzustellen, wie die seitherigen (ebenfalls unabgeschlossenen) Entwicklungen in der Theologie dort ihre Wurzeln haben. So eröffnet der in der Tat klassische Text, den wir vor Augen haben, den Blick auf eine breit gefächerte Wirkungsgeschichte.

1. Die Entmythologisierung selbst

Entmythologisierung bleibt eine Daueraufgabe der Theologie und der Verkündigung. Bultmann weist darauf hin: Entmythologisierung ist der Vorgang der Selbstkontrolle der christlichen Verkündigung, die darauf zielt, daß die Verkündigung falsche Anstöße vermeide und stattdessen das wahre *skandalon* des Evangeliums Christi sichtbar mache und so den Menschen, an den sie sich wendet, vor die wirkliche existentielle Entscheidung stelle, vor die Gott ihn stellen will: die Entscheidung, entweder aus dem »Sichtbaren«, aus der eigenen (moralischen, religiösen) Leistung oder aber aus dem »Unsichtbaren«, aus der immer unverfügbaren, immer zukünftigen, nie organisierbaren Gnade Gottes zu leben.

Bultmann unterscheidet zwischen der Entmythologisierung im negativen Sinne: Ausscheidung rein mythologischer Vorstellungsgehalte eines archaischen, nicht mehr aktuellen Weltbildes einerseits und der existentialen Interpretation andererseits. Letztere ist die positive Aufgabe der entmythologisierenden Theologie. Sie arbeitet die Entscheidungsfrage heraus und zeigt, woraus der Glaube lebt. Die positive Aufgabe der existentialen Interpretation hat für das Entmythologisierungsprogramm eindeutig den Vorrang. Ihr kann sich kein christlicher Verkündiger, der seine Aufgabe ernst nimmt, entziehen. Diese Emphase wird deutlich erkennbar in Bultmanns Antwort, mit der dieser das ganze Gespräch auf die Situation des Pfarrers zurückzuführen bemüht ist, der seinen Hörern das Neue Testament auszulegen hat, oder auch des wissenschaftlichen Theologen, dessen Pflicht es ist, dem Pfarrer bei der Erfüllung dieser schweren Aufgabe Hilfe zu leisten. Interessant ist dabei die Kontroverse um Bultmanns simple Frage »Wie macht man das?«, – eine Frage, die er an Jaspers richtet, da dieser spricht von einem Prüfen des biblischen Mythos »vom Ernst existentieller Wirklichkeit« her »auf die Kraft, die von seiner Sprache ausgeht, und die Wahrheit, die ihm in der Wirklichkeit des Lebens entspringt«. Jaspers nimmt dieses »Wie macht man das?« in seiner Replik auf und sieht darin nur die Frage nach einem trockenen Rezept, nach einem »know how«.

Er lehnt die Frage als solche ab. In diesem Bereich gibt es für Jaspers kein Rezept und keine Methode. Es gibt nur das »Ringen im Mythischen« im eigenen Einsatz der Person. So versteht Jaspers z. B. (er selbst gibt diese Veranschaulichung) die reformatorische Lehre von der Rechtfertigung allein aus dem Glauben als einen Mythos, Bultmanns standhaftes Festhalten am innersten Sinn dieser Lehre gegenüber andern theologischen Positionen als ein »Ringen im Mythischen«, für das keine Regeln existieren. Bultmann dagegen hält gerade hier noch einen Akt rationalen Denkens für möglich und geboten: das Denken der existentialen Interpretation. Daher seine Frage: »Wie macht man das?« Existentiale Interpretation ist ein Denken, welches die existentielle Begegnung begleitet, erläutert, durchdringt und dadurch auch vorbereiten oder klärend vertiefen kann. Existentiale Interpretation nach Bultmann ist also nicht selber existentielle Begegnung, sondern ein Denken, eine Reflexion, die gleichsam um die existentielle Begegnung kreist. Sie zeigt auf, wo das Moment der existentiellen Entscheidung liegt, wo der Mensch in die Entscheidung gestellt ist. Sie ist aber selber noch nicht die Entscheidung. Beispielsweise will der Prediger, der die Nähe des wiederkommenden Herrn und des Jüngsten Gerichtes verkündigt, seine Hörer in eine sehr grundlegende Entscheidung stellen. Diese Entscheidung kann durchaus echt sein, sie kann »Helle der Existenz« (Jaspers) bedeuten, falls sie zu einer bestimmten Haltung im Verhältnis des Menschen zu sich selbst und im Zusammenleben mit den Mitmenschen führt. Bultmann pflegte diese gerne mit dem paulinischen ὡς μη, dem »Haben, als hätte man nicht ...« von 1. Kor 7,29 f. zu beschreiben. Der »Glaube« an die Nähe des zukünftigen, des kommenden Herrn kann aber auch eine durchaus unechte Entscheidung sein, ein abergläubisches Fürwahrhalten (ein rein intellektuelles Fürwahrhalten im Sinne des *sacrificium intellectus*!) phantastischer Zukunftsvorstellungen, das dann zu einer Verzerrung in der existentiellen Haltung führt, zu einem un-authentischen Existieren, beispielsweise zu einem sektiererischen Rückzug aus allen gesellschaftlichen Verantwortungen, zu Selbstgerechtigkeit, Richtgeist und Rechthaberei. Gegner des Christentums mögen gelegentlich von diesem ein dergestalt sektiererisches Bild gewinnen. Jeder denkende Christ weiß aber, daß dies ein Zerrbild ist und daß man dem spezifischen Sinnanspruch des Christentums Unrecht tut, wenn man ihn nicht aufs strikteste von diesem sektiererischen Zerrbild unterscheidet. Das denkerische Mittel, um diese Unterscheidung zu vollziehen, um den Sinn der christlichen Botschaft klar zu machen, ist nach Bultmann die existentiale Interpretation.

Der Terminus existentiale Interpretation ist dabei auf dem Hintergrunde der Heideggerschen »existenzialen Analytik des Daseins« von »Sein und Zeit« zu verstehen. Heideggers Begriff vom menschlichen Dasein als einem endlichen, geschichtlichen, auf Zukunft hin sich entwerfenden, schuldfähigen, verantwortlichen, angesichts des Todes zu sich selbst, zum eigentlichen Selbstsein aufgerufen – dieser Begriff wurde damals für Bultmann zur maßgeblichen philosophischen Basis seines eigenen theologischen Bemühens, die ihm sowohl durch die eigene Existenzerfahrung als auch durch die biblische Botschaft bestätigt wurde. Dabei lag Bultmann nichts daran, daß dieser Begriff gerade von Heidegger entwickelt worden war. Er hat sich in der Folgezeit denn auch nicht dazu entschließen können, die späteren Entwicklungen des Heideggerschen Denkens zur Seinsfrage mitzuvollziehen. Ihm ging es einzig darum, daß die Analyse, die Heidegger vom Menschsein, von des Menschen wesenhafter Geschichtlichkeit gab, die richtige war. Dies war für ihn die »richtige Philosophie«, an der sich der Theologe zu orientieren hatte! Mit keinem andern als dem auf diese Weise geschichtlichen Subjekt hatte es doch die biblische Botschaft, das »Kerygma«, zu tun!

Existentiale Interpretation kann dem Menschen die Entscheidung nicht abnehmen. Insofern ist sie selber nicht »existentiell«, ist sie Denken und nicht Existenz. Sie kann nur zur Entscheidung hinführen. Wer durch existentiale Interpretation den Sinn der christlichen Botschaft recht erkannt, wer Anspruch und Angebot des Christus-Kerygmas recht verstanden hat, wer also durch eine angemessene denkerische Klärung kein Zerrbild vom Christlichen mehr hat, der kann sich persönlich doch immer noch dagegen entscheiden. Darum besteht Bultmann auf der Unterscheidung zwischen existentiell und existential und darauf, daß existentiale Interpretation ein Denken, ein rationales Unterfangen sei, das aber nichtsdestoweniger aufs engste bezogen bleibe – dienend bezogen sozusagen – auf das existentielle Geschehen von Anspruch und Entscheidung. Demgegenüber, im Gegensatz zu solcher Bezogenheit in der Unterscheidung, will Jaspers einen »radikalen Unterschied« sehen zwischen der »Erhellung der Grundformen des Seins, als das wir uns finden« und dem Appell an mögliche Existenz. Welche Sprache der Verkündiger spricht, das sei schlicht »das Wagnis dessen, der berufen ist«. Daran allein liege es, ob der »Ernst den Ernst erweckt« (ebd.), ob die »echte« Weise des Sprechens erreicht wird. Solche Echtheit erreiche Bultmann, der Gelehrte, der Wissenschaftsgläubige, eben nicht, weil er eine Methode – eben die der existentialen Interpretation – dazwischen schalte.

Im Grunde ist dieser Streit um die existentiale Interpretation, sobald man das Problem etwas weiter faßt, nichts anderes als der Streit um die Möglichkeit theologischen Redenkönnens, theologischen Erkennens überhaupt, also um die Theologie als Wissenschaft. Diese wissenschaftstheoretische Problematik der Theologie ist in der Folgezeit und bis heute immer wieder, in verschiedenen Anläufen und unter verschiedenen Formen, im angelsächsischen wie im deutschen Sprachraum, im römischen Katholizismus wie im Protestantismus aufgegriffen worden. Dabei erscheint aber die Diskussion zwischen Jaspers und Bultmann um den Stellenwert der existentialen Interpretation als eines methodischen Denkens (das einerseits weder empirisch, positiv-wissenschaftlich und insofern objektivierend, noch andererseits selber existentielle Entscheidung ist) keineswegs als erledigt und überholt.

So führt also der Entmythologisierungsstreit mitten in die wissenschaftstheoretische Selbstbesinnung der Theologie. Die Diskussion könnte heute fast genau an dem Punkt wieder aufgenommen und weitergeführt werden, wo Jaspers und Bultmann vor einem Vierteljahrhundert innehielten. Es geht ja in der theologischen Erkenntnistheorie oder Wissenschaftstheorie immer um dies eine: um die spannungsvolle Beziehung zwischen dem existentiellen Glaubensakt selbst, der sich letztlich nicht in Worten mitteilen läßt (und darum auch leicht in Gefahr gerät, als ein rein irrationaler Willkürakt angesehen zu werden), und der sprachlichen, ja überdies methodisch geklärten und in diesem Sinne »wissenschaftlichen« Kommunikation.

2. Glaubensbegriff, Offenbarungsbegriff und Gottesfrage

In der Entmythologisierungsdebatte steht immer auch das Verständnis von Glaube und von Offenbarung mit auf dem Spiel – und damit letztlich auch die Gottesfrage. Denn Gott ist es, der sich, nach dem christlichen Bekenntnis, offenbart und zu dem es keinen andern Zugang gibt als den Weg des Glaubens, als eines Aktes des Vertrauens und des Gehorsams. Durch jede Modifikation im Verständnis von Offenbarung und von Glaube wird darum immer auch unser Gottesverständnis mit betroffen. Ist Glaube zum Beispiel für einen Theologen das bloße (intellektuelle) Fürwahrhalten und Offenbarung das bloße Zurkenntnisbringen von Glaubenssätzen, so besagt ein solches Verständnis von Glaube und Offenbarung auch etwas darüber, wie der betreffende Theologe sich Gott selbst denkt.

Allerdings hat die Gottesfrage im engern Sinne (Wo ist Gott? Wie kann man von Gott reden? Ist Gott? Ist es für den christlichen Glauben überhaupt wesentlich, an die »Existenz« eines Gottes zu glauben?) erst längere Zeit nach der Bultmann-Jaspers-Kontroverse diejenige zentrale Stellung in der christlichen Theologie erhalten, die sie heute noch einnimmt. Jener spezifische, an der Existenzhaltung und am Gesellschaftsbezug des Menschen Jesus von Nazareth orientierte innerchristliche Atheismus, der unter der Devise »Gott ist tot« antrat, war ein Phänomen im christlichen Denken der sechziger Jahre, das allerdings heute noch nachwirkt. Diese Bewegung hatte das Verdienst, jene ganz elementare Gottesfrage in den Mittelpunkt zu rücken und das christliche Denken daran zu erinnern, daß hier die Entscheidung fällt und daß hier nichts schon ausgemacht ist.

Die Bewegung bekam erste Impulse durch das populärtheologische Buch des anglikanischen Bischofs John A. T. Robinson »Honest to God« (deutsch: »Gott ist anders«), das 1963 erstmals erschien und eine große Zahl von Auflagen erlebte. Robinson wandte sich darin ostentativ ab von der Vorstellung Gottes als eines außerweltlich-überweltlichen, anthropomorph-personalen Wesens und berief sich dabei auf seine drei hauptsächlichen »Kirchenväter«: Dietrich Bonhoeffer, Paul Tillich und Rudolf Bultmann.

Ob solche Berufung nun sachlich zu Recht oder zu Unrecht geschah, kann hier nicht analysiert werden. Jedenfalls hatte das Buch eine weitreichende Wirkung. Bultmann selbst hat im Unterschied zu den beiden andern die Blütezeit der »Theologie nach dem Tode Gottes« noch erlebt. Er hat dazu einmal Stellung genommen mit der angesichts der allgemeinen Begriffsverwirrung um jene Theologie ebenso schlichten wie luziden Feststellung: Der Satz »Gott ist tot« könne wohl vernünftigerweise nicht als eine metaphysische, sondern nur als eine (berechtigte!) geistesgeschichtliche Aussage aufgefaßt werden.

Für Bultmann hat sich die Gottesfrage nie direkt unter dieser neuen, »post-theistischen« Form gestellt. Daß Gott nicht wie ein innerweltlicher Gegenstand (oder auch eine innerweltliche Person) »objektivierend« vorgestellt werden darf, war für ihn stets eine Selbstverständlichkeit gewesen, der er – konsequenter als etwa sein Zeitgenosse Karl Barth, der denselben Grundsatz im Prinzip auch vertrat – auch methodologisch nachlebte. Schon längst bevor der allgemeine theologische Streit um die Entmythologisierung entbrannte, hatte er dieser Frage einen kurzen, aber grundlegenden Aufsatz gewidmet: »Welchen Sinn hat es, von Gott zu reden?« (1925). Darin hatte er die strenge Methodenregel aufgestellt: Von Gott kann man eigentlich nicht reden – es sei denn so, daß man vom Menschen redet, der durch die Tat Gottes in seiner Existenz betroffen ist. Diese Regel hat er selber stets befolgt, und daraus ist letztlich auch das Entmythologisierungspostulat zu verstehen. Denn jedes »selbstständige« Reden von Gott, welches nicht nur *zugleich*, sondern *ineins*, d. h. *im selben Atemzug* ein Reden von dem durch Gottes Wirken betroffenen Menschen ist, wäre ein mythologisches Geschichtenerzählen von Gott, welches – sofern im buchstäblichen Sinne verstanden – für uns heute unvollziehbar und unglaubwürdig geworden ist. Der Gedanke an das Personsein, an das »Du« Gottes hat Bultmann dagegen niemals Schwierigkeiten bereitet (vgl. auch Jaspers' Erwiderung, Ziff. 6). Gott ist für Bultmann der anredende Gott, der durch seine Anrede meine Geschichtlichkeit konstituiert – und insofern ein Du. Jaspers klärt hier die Lage, indem er konzediert: »Wenn [!] aber keine Geschichtlichkeit ist ohne das Du Gottes, so weiß ich in der Tat nichts von Geschichtlichkeit«.

Bultmanns hier zutage tretende differenzierte Position bleibt auch für die Gottesfrage, die erst in post-bultmannscher Zeit in der Theologie voll entfaltet wurde, wegweisend. Was uns in dieser Richtung seither beschäftigt hat, hat seine sachlichen Wurzeln zu einem großen Teil in dem, was schon zwischen Bultmann und Jaspers zur Debatte stand, und die wesentlichen Perspektiven, die im Gespräch zwischen Bultmann und Jaspers aufbrechen, sind denn auch durch die nachfolgenden Entwicklungen keineswegs überholt.

Dies wird insbesondere auch deutlich, wenn man die Parallelen in der katholischen Theologie beachtet. Die Zeitbedingtheit, die auch diesem sonst klassischen und aktuell bleibenden Text anhaftet, zeigt sich besonders auffallend am ausgesprochen vorkonziliaren Image des Katholizismus, das bei Jaspers zugrunde liegt (vgl. die letzten Seiten seiner Erwiderung). Eine der wichtigsten Wandlungen, die im katholischen Denken seitdem stattgefunden hat und die Jaspers 1953/54 kaum voraussehen konnte, liegt in der Hinwendung zu einem personalistischen Glaubens- und Offenbarungsverständnis, wie es Bultmann und Jaspers beide je auf ihre Weise vertreten (mit dem Unterschied: daß die Christus-Offenbarung bei Jaspers *eine* Kundgabe der Transzendenz, bei Bultmann aber *die* Anrede Gottes an den Menschen ist). Trotz diesem tiefen Unterschied ist aber beiden gemeinsam, daß nicht *»Etwas«*, ein Gegenständliches, geglaubt (bzw. im existentiellen Ernst als Chiffer von Transzendenz ergriffen) wird. Der Mensch eignet sich nicht gläubig ein übernatürliches Wissen an, sondern was in Offenbarung und Glaube geschieht, ist: daß der Mensch *selbst* durch die Anrede Gottes, der er in der Anwort des Glaubens entspricht, ein anderer wird.

Gott offenbart – so das II. Vatikanum und sozusagen unisono die ganze nachkonziliare katholische Theologie – in seiner Offenbarung nicht »etwas«, sondern *sich selbst*. Offenbarung bedeutet personale Selbsterschließung. Und Selbsterschließung bedeutet die Eröffnung einer personalen Gemeinschaft. Sie »kommt an« beim Menschen, indem sie seine Existenzsituation in ihren Grundlagen verändert, indem sie ihn in eine neue Gemeinschaft stellt, aus der er wahrhaft leben kann. Bultmann hat das so ausgedrückt: Der Mensch gewinnt im Glauben, durch die Anrede Gottes – also durch die Offenbarung – ein neues Selbstverständnis. Dabei beinhaltet der Terminus »Selbstverständnis« – dies ist von Kritikern und vielleicht auch von manchen Freunden Bultmanns oft mißverstanden worden – nicht etwa bloß einen bestimmten Bewußtseinsinhalt oder Bewußtseinszustand. Sondern »Selbstverständnis« nennt und umfaßt das Ganze des realen, leibhaftig existierenden Menschseins, indem der Mensch eben wesenhaft ein *verstehendes* – die Welt und sich selber in ein und demselben Akte verstehendes – Wesen ist. Verstehen ist nicht dasselbe wie Begreifen. Letzteres ist ein intellektueller Vorgang. Verstehen aber bedeutet ein *Sein*. Schon der Säugling, der noch nichts begreift, versteht schon: Er versteht, indem er *ist*, sich selber als Kind, die Eltern als Eltern. D. h. er realisiert seine Situation. Oder Bultmann kann sagen: Der Mensch *versteht* (im Glauben) Gott als den *Unbegreiflichen*.

Ebenso ungemäß wie die Verwechslung von Selbstverständnis und Selbstbewußtsein wäre es auch, aus dem Begriff Selbstverständnis einen rein individualistischen Ton herauszuhören. Zwar hat er bei Bultmann persönlich diese individualistische Note. Aber der Begriff als solcher vermag mehr: Er ist auch offen, ja konstitutiv für das Gemeinschaftliche. (Es gibt auch ein Selbstverständnis von Gemeinschaften, und es gibt das Selbstverständnis des Einzelnen als Glied einer Gemeinschaft, welches allererst die Gemeinschaft als solche konstituiert.)

Dieser *Personalismus* des Glaubens- und Offenbarungsverständnisses, wie wir ihn bei Bultmann finden, hat sich im neueren katholischen Denken gegenüber dem *Intellektualismus* des Verständnisses dieser beiden Begriffe in der älteren Schultheologie durchgesetzt. Man kann dies zwar nicht einfach als ein Stück Wirkungsgeschichte der Entmythologisierungsdebatte betrachten. Die Wurzeln in katholischer Denktradition liegen weiter zurück. Doch haben zweifellos die Diskussionen um die Entmythologisierung bei dieser Entwicklung mitgewirkt. Bultmann – und zwar nicht in erster Linie der Historiker, sondern gerade der Vertreter der Entmythologisierung – ist auch für katholisches Denken heute einer der einflußreichsten Theologen geworden.

Manches Entscheidende, was dort geschehen ist, ist zwar nicht eine direkte Wirkung Bultmanns, liegt aber sachlich genau auf der Linie dessen, was er eigentlich gewollt hat. So konnte beispielsweise Karl Rahner zur Charakterisierung der gegenwärtigen theologischen Situation und ihrer inneren Notwendigkeiten von einer »anthropozentrischen Wendung« in der neueren Theologie sprechen (Schriften zur Theologie III), welche indessen der Theozentrik aller Theologie nicht widerspreche. Anthropozentrik und echte Theozentrik schließen sich vielmehr geradezu ein, sie fordern einander, und zwar eben darum, weil Gott kein innerweltlicher Gegenstand ist. So kann von ihm nicht »separat« geredet werden als von einem möglichen Gegenstand neben andern, sondern nur in seinem Bezug zum Menschen als dem Subjekt der Erkenntnis aller Gegenstände. Ein von diesem konstitutiven Bezug zum Reden des Menschen gelöstes »separates« Redenwollen von Gott kommt unweigerlich und zu Recht in den Verdacht der Mythologie.

3. Das hermeneutische Problem und die politische Theologie

Es findet sich in unserm Text eine Fülle von Bezügen zu Entwicklungen und Fragestellungen in der Theologie der folgenden Jahrzehnte. Interessant etwa, wie Bultmann die Frage des Weltbildes, welche angeblich für sein Postulat und Programm der Entmythologisierung konstitutiv ist, als zweitrangig einstuft. Das »Weltbild« mag sich ändern. (Heute könnten wir zum Beispiel, anders als Bultmann, an eine Änderung des modernen Weltbildes durch neue Einsichten der Parapsychologie denken.) Die Entmythologisierungsaufgabe aber bleibt dennoch immer gestellt, weil sie sich, auch bei wechselnden weltbildlichen Rahmenbedingungen, in jeder konkreten Situation neu stellt, weil jede neue geistesgeschichtliche Situation auch eine neue hermeneutische Situation bedeutet, die ein neues Auslegen des Evangeliums erfordert. – Oder: der Angriff des Kritischen Rationalismus auf die »Immunisierungsstrategien« der Theologie (ich denke an die Debatte zwischen Gerhard Ebeling und Hans Albert) wäre gerade von Bultmann her noch einmal neu zu bedenken – wenn Bultmann betont, es gehe ihm doch nicht darum, durch Abstriche den Glauben zu »retten«, sondern nur darum, die eine Grundentscheidung, in die der Mensch gestellt ist, sichtbar zu machen.

Aber bei allem Reichtum möglicher Anknüpfungspunkte und Bezüge zwischen diesem Text und der Theologie der Gegenwart und der unmittelbaren Vergangenheit steht als der eigentliche sachliche Schwerpunkt doch das hermeneutische Problem im Mittelpunkt. Den Vorwurf, das hermeneutische Problem nicht verstanden zu haben, hat Bultmann nicht nur Jaspers, sondern im Lauf der Jahre vielen seiner Gegner gemacht. Es war dies sozusagen sein Standard-Argument – das er übrigens meist zu Recht vorbrachte! Bultmanns vielleicht wichtigstes theologiegeschichtliches Verdienst ist es, wie wir heute aus der Rückschau urteilen müssen, das hermeneutische Problem, das als ein philosophisches seinerzeit aus der Theologie entsprungen war, in der Theologie wieder voll zur Geltung, ja recht eigentlich zum Durchbruch gebracht zu haben. Diese Einsicht bleibt unumgänglich, auch wenn sie in der Zwischenzeit zuweilen wegen andersartiger Interessenrichtungen, etwa wegen der Faszination mancher Theologengenerationen durch die theologische Neuentdeckung der Kategorie der gesellschaftlichen Strukturen, etwas in Vergessenheit geraten war.

Man wird sich aber auch in Zukunft der Einsicht nicht verschließen können, daß Theologie schlechthin eine hermeneutische Wissenschaft, daß sie als ganze ein hermeneutischer Vorgang, ein Vorgang des Übersetzens ist. So wenigstens hatte Bultmann ihr Wesen bestimmt. Dies eine mußte man verstanden haben, wenn man überhaupt verantwortlich wissenschaftliche Theologie betreiben wollte! Wer das Problem als solches nicht verstanden hat, kann nur entweder rein historisch Vergangenes zur Kenntnis nehmen und rekonstruieren oder aber rein dogmatisch allgemeine Wahrheiten verkünden bzw. lehren, oder dann evtl. irgendeine inkonsequente Kombination dieser beiden Denkarten versuchen.

Das hermeneutische Problem stellt sich darum als *das* entscheidende Problem der Theologie, dem alles andere (Entmythologisierung, existentiale Interpretation) untergeordnet ist, weil christliche Theologie an ein geschichtliches Ereignis und damit an eine geschichtliche Tradition gebunden bleibt. Daran hält Bultmann gegen Jaspers fest, und darin liegt denn auch der tiefste Unterschied zwischen beiden. Solches Festhalten ist aber nach Bultmanns Verständnis nicht ein unberechtigter Absolutheitsanspruch einer einzelnen Religion gegen alle andern, als der »höchsten« oder der »allein wahren«, sondern ein Nach-Denken der Grundentscheidung, in die menschliches Dasein hineingestellt ist. Entscheidung kann es aber nur geben, wo ein Anruf erfolgt. Dieser aber muß von außen kommen. Insofern ist die Verkündigung, die den Menschen in diese Entscheidung ruft, und mit ihr auch die Theologie gebunden an ein einmaliges Ereignis. Und darum wiederum wird Theologie zur Hermeneutik. Sie hat den Sinn der eschatologischen Anrede Gottes an den Menschen aus der Zeit und dem Verständnishorizont ihres erstmaligen, damaligen Auftretens in der Geschichte in den veränderten Verständnishorizont der jeweiligen Gegenwart zu übersetzen.

Um das hermeneutische Problem zu verstehen, muß man – nach Bultmann – diese Grundsituation der Verkündigung und Theologie verstanden haben. Man muß ferner die sog. hermeneutische Differenz, d. h. die Tatsache der Unterschiedlichkeit von Verständnishorizonten, verstanden haben. Man muß schließlich verstanden haben, daß Voraussetzung allen Verstehens jeweils ein »Vorverständnis« ist, d. h. ein vorgängiges Lebensverhältnis zur Sache selbst, um die es in dem zu verstehenden Text geht.

Im Gegensatz zu Bultmann, welcher Jaspers ein Nichtverstehen oder Nicht-Ernstnehmen des hermeneutischen Problems vorwirft, muß man m. E. anerkennen, daß Jaspers' Überlegungen im Zusammenhang mit seiner Unterscheidung zwischen dem »ursprünglichen Verstehen« und dem »Verstehen des Verstandenen« einen wichtigen Beitrag zur weiteren denkerischen Erhellung der für die Theologie, aber auch für philosophische Anthropologie so grundlegenden hermeneutischen Problematik leisten können. Denn das hermeneutische Problem ist zwar von Bultmann theologisch radikal gedacht, jedoch noch keineswegs in allen seinen Dimensionen bearbeitet worden. Auf diesem Gebiet haben sich nach Bultmann und unter seinem Einfluß weitere Entwicklungen vollzogen. So vor allem auf dem philosophischen Feld durch Hans-Georg Gadamer, dessen Gedankengänge zur »Horizontverschmelzung« (teilweise Verschmelzung unterschiedlicher Verstehenshorizonte im Akt des verstehenden Auslegens), zum Universalismus des Hermeneutischen (alles geistige Geschehen, ja letztlich überhaupt alles geschichtliche Geschehen hat den hermeneutischen Charakter des auslegenden Verstehens) und zur Einheit von *explicatio* und *applicatio* (nur indem ich den Text auf meine eigene Situation »anwende«, kann ich ihn überhaupt verstehen) für die Weiterentwicklung der Hermeneutik ebenso fundamental geworden sind wie die Ansätze Bultmanns. Leider ist im theologischen Bereich die weiterführende Sicht Gadamers bisher noch nicht mit der nötigen Entschlossenheit rezipiert und zur Geltung gebracht worden.

Gegen die Hermeneutik Bultmannscher wie Gadamerscher Prägung hat man nun in jüngerer Zeit oft den Vorwurf des (gesellschaftlich konservativen) Individualismus erhoben. In der politischen Theologie der sechziger Jahre stand Hermeneutik nicht mehr hoch im Kurs, ja man konnte fast den Eindruck gewinnen, als sei das hermeneutische Problem in Vergessenheit geraten. Diese Reaktion mag angesichts einzelner Äußerungen Bultmanns verständlich erscheinen (vgl. etwa in unserem Text: im eschatologischen Geschehen des Glaubens hat die Welt ihr Ende ...). Jaspers scheint in dieser ganzen Auseinandersetzung viel vitaler an gesellschaftlichen Vorgängen und Problemen interessiert zu sein als Bultmann. Doch sollte man hier nicht vorschnell urteilen: Es ist immerhin bemerkenswert, wie z. B. Dorothee Sölle als intensiv politisch ausgerichtete Theologin Bultmann – bei aller Kritik an seinem Individualismus des Heilsverständnisses – mit unter die Väter der neueren politischen Theologie rechnen kann. Man kann das in der Tat so sehen: Die existentiale Interpretation sucht den Inhalt der christlichen Botschaft zu verstehen und zu »verifizieren«, indem sie deren Konsequenzen für die Existenz des (einzelnen) Menschen aufweist. Politische Theologie tut dann nur noch den nächsten Schritt, indem sie auch noch die gesellschaftlichen Konsequenzen aufzeigt. (Der Begriff »Verifikation« ist übrigens in der post-bultmannschen Theologie, u. a. von G. Ebeling und von mir, seit geraumer Zeit aufgenommen worden, gewinnt hier aber natürlich einen modifizierten Sinn gegenüber dem Gebrauch im Empirismus. Verifikation heißt theologisch: konkretisierendes Aufzeigen der existentiellen Relevanz religiöser Aussagen, damit deren Wahrheitsanspruch plausibel erscheine.)

In der politischen Theologie ist diese Kontinuität zur existentialen Interpretation oft nicht gesehen worden. Die Auflehnung gesellschaftsorientierten Denkens gegen einen angeblichen (oder auf den oberflächlichen Blick tatsächlich bestehenden) existentialistischen und hermeneutischen Individualismus zeigt aber deutlich, daß die Vermittlung zwischen Individuum und Gesellschaft, zwischen den entsprechend orientierten Philosophien und Theologien (schlagworthaft: zwischen Kierkegaard und Marx) auch in der neueren Theologie, die beide Akzente aus ihrem eigensten theologischen Anliegen heraus sehr wohl kennt, offenbar noch immer nicht zureichend gelungen ist. Dies bleibt, zumal im Nachgang zur Entmythologisierungsdebatte und ihren Folgeerscheinungen, eine wichtige Aufgabe für die kommende Zeit, bei deren Lösung uns die Kontrahenten der früheren Auseinandersetzungen, gerade Jaspers und Bultmann, immer noch oder erneut hilfreich werden können. Man kann nicht das Individuell-Existentielle und das Gesellschaftliche gegeneinander ausspielen, wie dies oft kurzsichtig getan wurde zu einer Zeit, da man, nach Bultmann und Jaspers, die hermeneutischen Fragen der Entmythologisierungsdebatte glaubte *ad acta* legen zu können. In jedem Falle, nach jeder Richtung würde man so bei einer Abstraktion statt beim wirklichen, konkreten Menschen in seinem Sein als Einzelner und in Gemeinschaft vor Gott landen. Man würde in jedem Falle, ob man nun einseitig »existentialistisch« oder einseitig gesellschaftlich denkt, ein für die Theologie unverzichtbares Anliegen vernachlässigen. Und nachdem ich nicht nur als Theologe über politische Fragen nachgedacht, sondern während mehr als zwei Jahrzehnten als sozialdemokratischer Politiker in der Praxis Erfahrungen gesammelt habe, darf ich mir vielleicht gestützt auf solche Erfahrungen die persönliche Vermutung gestatten, daß auch das Politische selbst, im weitesten Sinne, also das Gesellschaftliche überhaupt, nicht in seinem Wesen verstanden werden kann, wenn man das Individuelle als Konstituens, das gerade im praktischen Vollzug an entscheidenden Wendepunkten in Erscheinung tritt, gänzlich ausblendet.

Um eine nach der einen oder andern Seite abstrakte Theorie zu vermeiden, genügt es allerdings nicht, durch ein bloßes »Sowohl – als auch« die beiden Aspekte lediglich zu addieren. Sondern es gälte, durch einen erweiterten und vertieften Begriff des Hermeneutischen, durch eine »Hermeneutik der Gesellschaft« das Politische selbst als ein hermeneutisches Phänomen verständlich zu machen.

4. Der Mythosbegriff und das religiöse Sprachproblem

Einer der Hauptvorwürfe Jaspers' an Bultmann ist der der Abwertung, ja des Verlustes der mythischen Sprache. Und doch sei der Mythos als Sprache der Religion, als Sprache im Blick auf Transzendenz (oder auch: als Sprache *der* Transzendenz!) für immer unverzichtbar – ganz unabhängig vom Weltbild der Zeit, in der man jeweils selber lebt.

Jaspers steht mit diesem leidenschaftlich vorgetragenen Vorwurf nicht allein. Unter den Theologen ist es vor allem Paul Schütz (geb. 1891, also selber noch ein Vertreter jener bedeutenden Zeit und Generation), der in praktisch allen seinen Schriften die Unverzichtbarkeit der mythischen Sprache vertei-

23

digt, weil die entscheidenden Realitäten der Existenz ausschließlich in ihr Ausdruck finden und kommuniziert werden können. Dabei lehnt es Schütz, genau wie Jaspers, ab, diesen Mythos objektivierend-buchstäblich zu nehmen. Das heißt indessen bei ihm keineswegs, daß der Mythos zum metaphorischen, bloßen Sprachmittel für nicht-reale Sinngewebe absinkt, während die alltäglich-physikalische Wirklichkeit nach wie vor der Kanon des »eigentlich Realen« bleibt. Im Gegenteil: Was im Mythos, im mythischen Bild allein Sprache finden kann, ist realer als die alltägliche Realität, weil es hier um die Entscheidungen geht, die über die Existenz fallen. Von da her darf dann, zum Beispiel, ohne Zögern gesagt werden: Die Auferstehung Jesu Christi, die Auferstehung des Fleisches ist ein Mythos. Denn das kann jetzt nicht mehr heißen: Sie ist nicht real, sie ist nur der metaphorische, der bildhafte Ausdruck für einen gemeinten Sinn. Im Gegenteil! Was der Mythos sagt (oder schweigt), ist real, realer als alles andere. Aber das mythische Bild darf nicht als gegenständliche Alltagsrealität mißverstanden werden.

Wie steht das bei Jaspers, wie bei Bultmann? Erscheint die Sachlage bei ihnen ebenso eindeutig? Zunächst muß festgehalten werden: Was wir vorher (unter 1.) unter dem Begriff der existentialen Interpretation erörterten, darf mit dem hier zur Erörterung stehenden Problem nicht einfach gleichgesetzt werden – obschon natürlich Zusammenhänge bestehen. Aber damals ging es um das *theologische* Sprechenkönnen und Sprechenmüssen; denn existentiale Interpretation meint eine bestimmte Weise rationaler, methodischer, kommunikativer Argumentation – die Jaspers indessen nicht gelten lassen und vielmehr durch das »Wagnis« des »Redens im existentiellen Ernst«, durch ein vage bleibendes »Ringen im Mythischen« ersetzen will. Beim jetzigen Thema dagegen geht es um das Sprache-Gewinnenkönnen religiöser Wirklichkeit, um das Redenkönnen vom Unsagbaren überhaupt. Die Beziehung beider Problemebenen ist nicht zu leugnen. Denn wenn es überhaupt möglich ist, daß das Religiöse, alle Sprache Übersteigende dennoch Sprache gewinnt (und es war ja tatsächlich immer so, daß der Mensch von dieser Wirklichkeit gesprochen hat), dann stellt sich irgendwann einmal auch die Frage nach der Verantwortbarkeit solchen Redens, d. h. aber die Aufgabe einer methodisch besonnenen Kommunikation (also der Theologie als Wissenschaft). Es besteht zwischen beiden Problemebenen ein Verhältnis der Begleitung und Wechselwirkung. Theologie begleitet Verkündigung. Dennoch ist hier auch ein Unterschied.

Wie weit, wie scharf die beiden Gesprächspartner Jaspers und Bultmann in ihrer Auseinandersetzung zugleich diesen Unterschied *und* diese Bezogenheit und Wechselwirkung erkannt und herausgearbeitet haben, bleibt noch zu prüfen. Es wird eine kritische Frage an sie beide sein müssen. Ebenso wie die obige Frage: nach dem Realitätscharakter des im Mythos Ausgedrückten. Es genügt kaum, die erreichte Gesprächslage mit der Kurzbeschreibung abzutun: »Für Bultmann ist der Mythos eine vergangene Sprachform, die in der Gegenwart Umsetzung in eine nicht-mythische Sprache erfordert. Für Jaspers ist der Mythos eine gegenwärtige Sprachform, die aber nicht gegenständlich genommen werden darf.« So simpel und einleuchtend ein derartiges Fazit klingen mag, es wirft mehr Probleme auf, als es löst. So klar unterschieden sind die Positionen gerade in dieser Frage nicht. Es müßte beispielsweise die teilweise Einigkeit hinsichtlich der Nichtgegenständlichkeit des Mythos, sorgfältig in Anschlag gebracht werden. Es müßte auch *ab ovo* geklärt werden, welches denn die eigentlichen Charakteristika des »gegenständlichen« Redens überhaupt sind und welches Reden dann möglicherweise gegenständlich scheint (z. B. das Reden im Gedicht), es aber in Wirklichkeit nicht ist.

So wird das Gespräch *mit Hilfe* der zwischen Bultmann und Jaspers aufbrechenden Spannung *über* Bultmann und Jaspers, über die dort erreichten vorläufigen Positionen *hinaus* weiter gehen müssen. Die Debatte über die Entmythologisierung gehört längst nicht der Vergangenheit an, sondern sie gewinnt neue Aktualität in einer Lage, wo global menschheitlich gesehen die Nachbarschaft und Begegnung der verschiedenen Weltreligionen eines der wichtigsten politischen und das wichtigste theologische Problem wird. Sie alle reden in der Sprache des Mythos. Welches »Ringen im Mythischen« wird in diesen kommenden Jahrzehnten anheben? Welche Kommunikationsmittel, welche Methoden stehen dann noch zur Verfügung, welche Gestalt der »existentialen Interpretation« bildet sich dann wohl heraus – sofern in solcher Nachbarschaft eine Religion den religiösen Sinn-Anspruch der andern Religionen mindestens als solchen ernst nimmt und nicht (im Bewußtsein ihrer eigenen Überlegenheit a priori) nur soziologisch-psychologisch relativiert? Wie wird Kommunikation dann Sprache finden, und wie wird sie methodisch besonnen sein können, wissenschaftlich also, in einer anzustrebenden Situation der dialogischen Offenheit, in der aber jede Religion gleichwohl der eigenen Identität, der Identität des eigenen religiösen Sinnanspruchs, treu bleibt?

Unsere alten Lehrmeister haben uns für die neuen, sich erst anbahnenden Situationen keine Rezepte anzubieten. Aber die kritisch weiterführende Teilnahme an dem von ihnen begonnenen Gespräch wird uns dabei helfen können, selber neue Wege zu finden.

Basel, 3. Januar 1981   Heinrich Ott

Karl Jaspers

Wahrheit und Unheil
der Bultmannschen Entmythologisierung

Inhaltsübersicht

Situation, aus der diese Kritik entspringt

Religion ist als geschichtliche Wirklichkeit und als Gegenwart eines Glaubens durch keine Philosophie zu begreifen, aber für das Philosophieren wie ein Pol, von dem es ständig betroffen wird, oder wie ein Gewicht, das es nicht heben kann, oder wie ein Widerstand, der unüberwindlich ist und dessen Überwindung, wenn sie einmal erreicht scheint, nicht die Zufriedenheit der nun vollendeten einen Wahrheit entstehen läßt, sondern vielmehr etwas wie Schrecken über die plötzlich fühlbare Leere.

Daher beginne ich meinen Vortrag zögernd. Ich soll sprechen von einer Welt, in der ich nicht zu Hause bin. Weder durch Praxis noch durch Amt bin ich legitimiert. Im Vergleich zum Theologen habe ich zu geringe Kenntnisse. Auch bin ich über die gegenwärtigen Bewegungen zu wenig informiert. Ich muß fürchten, die Dinge von außen zu sehen, wie ein Wanderer in einem fremden Lande. Die einzige Chance könnte sein, daß ein von außen Kommender auf weniger Beachtetes und doch Wesentliches aufmerksam würde.

Aber es bleibt etwas Ungemäßes. Wenn ich zu Ihnen zu sprechen wage, weil Sie mich aufgefordert haben, so bleibt doch bestehen: Der Philosoph soll dem Pfarrer und dem Theologen nicht dreinreden. Was Hegel und Schelling in dieser Sicht getan haben, muß warnen.

Nun ist heute eine merkwürdige Situation. Bultmanns Entmythologisierung ist durch die Breite und Erregung der Diskussion zu einem Ereignis geworden, das etwas zu tun hat mit der Mitte der Religion. Das schon kann dem Philosophen trotz seiner Ferne nicht gleichgültig sein. Zudem aber spricht Bultmanns Entmythologisierung eine Sprache, die bis an den Punkt, der zu nennen ist, im Raume der Philosophie stattfindet und daher philosophischer Kritik sich aussetzt. Beides reizt zu einer philosophischen Erörterung. Wenn ich die Grenzüberschreitung riskiere, so bitte ich um Ihr Wohlwollen, mir Behauptungen zu gestatten, für die bei der Kürze des Vortrags die Begründungen nur spärlich sind, mich fragend klopfen zu lassen an das, was ich selber nicht zu vertreten und in das ich nicht einzugreifen habe, obgleich es mich im Philosophieren auf das ernsteste angeht.

I. Bultmanns Forderung der Entmythologisierung gründet sich auf zwei Voraussetzungen: erstens auf seine Auffassung von moderner Wissenschaft, modernem Welt- und Menschenbild – diese bringt ihn zu seinen Verneinungen so vieler christlicher Glaubensgegenstände. Zweitens auf seine Auffassung von Philosophie – diese ermöglicht ihm die Aneignung der nach seiner Meinung noch wahren Glaubensgehalte durch existentiale Interpretation, deren Begrifflichkeit in einer wissenschaftlichen Philosophie bereitliegen soll. Diese beiden Voraussetzungen sind wie zwei Säulen, auf denen das Gebäude seiner Thesen ruht. Beide Säulen scheinen mir nicht tragfähig.

1. Bultmann spricht von einem modernen Weltbild, dessen in sich geschlossene Kausalität keine Unterbrechung durch Wunder dulde, von dem modernen Menschenbild, das die Einheit des Menschen aufrechterhalte gegen vermeintliche Einbrüche durch Götter und Dämonen von außen. Dann spricht er auch grundsätzlich von der Denkungsart der Wissenschaft, die prüft und begründet. Was kann damit gemeint sein?

Entweder meint Bultmann eine heute durchschnittliche, unüberwindbare Auffassungsweise, die dem modernen Menschen eigentümlich ist. Das aber kann nicht stimmen. Denn die Auferstehung etwa war den Zeitgenossen damals so unglaubwürdig wie den Menschen heute. Die Übertreibung des Unterschiedes des Geistes der Zeitalter verführt dazu, das Gleichbleibende, zum Menschen als solchem Gehörende zu übersehen, so den jederzeit lebendigen natürlichen Realismus und Materialismus. Gleichbleibend ist auch die Bereitschaft zum Glauben des Absurden. Auch diese ist heute nicht geringer als damals, nur hat dieser Glaube gegenwärtig zum Teil andere Inhalte, so etwa die Erwartung des Eintritts des endgültigen Glücks aller in der klassenlosen Gesellschaft durch Vollendung der Gewaltsamkeit, die sie magisch herbeiführt – analog der Erwartung früherer Missionare, daß das Reich Gottes zugleich mit dem Weltende eintrete in dem Augenblick, da das Evangelium faktisch allen Menschen verkündet ist (gemäß einer biblischen Verheißung). Der absurde Glaube in neuerer Zeit von der Astrologie bis zur Theosophie, vom Nationalsozialismus bis zum Bolschewismus zeigt eine nicht geringere Macht des Aberglaubens als zu allen Zeiten. Dies Gleichbleibende der menschlichen Natur und die dabei mitwirkende Rationalität ist universell und hat mit moderner Wissenschaft nichts zu tun, wenn sie heute auch gelegentlich deren in Herkunft und Sinn nicht verstandene Ergebnisse benutzt.

Oder Bultmann meint in der Tat die eigentümlich moderne Wissenschaft, die etwas Neues in der Geschichte ist, das, beginnend seit dem Ende des Mittelalters, in sachlicher Entfaltung seit dem 18. Jahrhundert wirklich geworden ist. Diese Wissenschaft aber ist erstaunlicherweise heute ebenso von jedermann angerufen wie von wenigen gekannt, ja den meisten, sogar vielen Gelehrten, anscheinend auch Bultmann, der als historischer Spezialist in ihr mitarbeitet, in ihren Grundsätzen unbekannt. Sie hat etwa als ein entscheidendes Kennzeichen, daß sie auf ein Weltbild verzichtet, weil sie erkennt, daß dies unmöglich ist. Zum erstenmal in der Geschichte hat sie uns von Weltbildern befreit, während alle Zeitalter, auch das unsere in seiner Durchschnittlichkeit, in Weltbildern lebten. Sie macht ernst mit den Prinzipien, zwingend, allgemeingültig und methodisch zu wissen, weiß darum jederzeit ihre Grenzen, begreift die Partikularität all ihrer Erkenntnisse, weiß, daß sie nirgends das Sein erkennt, sondern Gegenstände in der Welt, die sie methodisch bestimmt, kennt ihre jeweiligen Bedingungen, weiß, daß sie keine Führung des Lebens bringen kann. Sie erreicht das neue, großartige Wissen, das in griechischer Mathematik, Medizin, Geographie, Astronomie, Mechanik, politischer Einsicht nur in Ansätzen vorgebildet, aber nicht im ganzen und grundsätzlich als Geistesverfassung der Wissenschaftlichkeit und nicht in der gewaltigen Breite der Entfaltung durch Zusammenarbeit unablässig fortschreitend gewonnen wurde. Die sie bewährende Folge ist zum erstenmal, daß, was so eingesehen wird, von allen Menschen auf der Erde, die es auffassen, wiederum als zwingend begriffen und in Besitz genommen wird. Das ist mit keiner Rationalität früheren Charakters, mit keiner Philosophie jemals so gelungen wie mit der Schärfe der methodischen Begrenzung und der Entschiedenheit der Spezialisierungen. Aber diese Wissenschaft hat in bezug auf Glaubensfragen keine auflösenden Konsequenzen, die nicht schon die frühere universale Rationalität gehabt hätte. Nicht als moderne Wissenschaft hat sie diese Konsequenzen, sondern nur dann, wenn sie als Wissenschaft nicht mehr grundsätzlich begriffen wird, was auch heute noch durchweg, sogar bei manchen spezialistischen Forschern, der Fall zu sein scheint. Denn diese Wissenschaft ist der Menge bisher zugänglich geworden nur in vermeintlich endgültigen Ergebnissen in bezug auf das Ganze der Dinge, diesen Verabsolutierungen und Verkehrungen, diesen vermeintlich wissenschaftlichen Weltbildern, die vielmehr den modernen Wissenschaftsaberglauben, nicht Einsicht in das Erkannte, in Sinn, Gehalt und Grenzen der Wissenschaft bedeuten.

Bultmann spricht von dieser Wissenschaft, einzelne traditionelle Wendungen aufgreifend, in ziemlich summarischer Weise: Er stellt etwa einfach als Gegenbegriffe mythisches und wissenschaftliches Denken auf, erklärt das wissenschaftliche Denken als präformiert im Arbeitsdenken – in beiden Fällen trifft er eine Teilwahrheit. Durchaus verfehlt er dagegen den Sinn der modernen Wissenschaft, wenn er behauptet: das eigentlich wissenschaftliche Denken entstehe in Griechenland durch die Frage nach der *Arche*, nach dem einheitgebenden Ursprung der Vielfältigkeit der Welt. Denn gerade diese Frage bleibt immer eine philosophische, durch Wissenschaft methodisch überhaupt nicht zu stellende und nicht zu beantwortende. Wissenschaftlich ist nur die Systematik unter jeweiligen hypothetischen Voraussetzungen und unter Führung einheitgebender Ideen, die wissenschaftlich nie das Ganze des Seins treffen können und deren Fragen nur dann wissenschaftlich sind, wenn sie Ansatzpunkte für echte methodische Untersuchungen zu ihrer Beantwortung geben. Durchaus falsch ist Bultmanns Satz: »Der Einheit der Welt im wissenschaftlichen Denken entspricht die Einheit des wissenschaftlichen Denkens selbst.« Das Gegenteil ist wahr.

2. Durch eine vermeintliche Wissenschaft, die vielmehr die durchschnittliche Aufklärung aller Zeiten ist, sieht Bultmann eine Fülle biblischer Glaubensgegenstände zerstört. Aber er

will den Glauben nicht zerstören, sondern retten. Diese Rettung erfolgt durch das, was Bultmann die existentiale Interpretation nennt. Hierfür braucht er die Philosophie, die er wissenschaftliche Philosophie nennt. Diese Philosophie vollziehe das natürliche Selbstverständnis des menschlichen Daseins, dieses Daseins, dem es um sich selber geht, das, in Angst und Sorge, zum Tode lebt, endlich und bodenlos, geworfen in sein Dasein ohne ein Woher und Wohin, brüchig in sich, und so fort. Zu dieser Bultmannschen Philosophie ist zu sagen:

*a)*Sie bezieht sich ausdrücklich und faktisch ausschließlich auf Heideggers Buch »Sein und Zeit«. Ob er dieses Buch in Heideggers Sinn verstanden hat, das hätte der Urheber dieser Philosophie zu entscheiden. Mir scheint ein wunderliches Verhältnis vorzuliegen. Heideggers Buch ist ein kompliziertes Gebilde: In Gestalt phänomenologisch objektivierender Analyse unter Aufstellung der Existentialien in Analogie zu den Kategorien wird ein Wissen in lehrbarer Form nahegelegt, erbaut wie eine Stahlkonstruktion. Aber der Antrieb des Ganzen ist nicht ein indifferentes Wissenwollen von etwas, das so ist, sondern eine Grunderfahrung des Menschseins, keineswegs die Grunderfahrung des Menschseins schlechthin als eine allgemeingültige. Sie verzichtet auf allen Glauben, nimmt in Entschlossenheit vor dem Nichts eine »moderne« Menschen ansprechende Haltung ein, berührt ahnungsvoll das Sein. Dadurch bekommt die Konstruktion Leben und Gewicht.

Diese Philosophie scheint mir in Zweideutigkeiten zu stehen. Sie denkt eine Existenzphilosophie, faktisch auf dem Boden Kierkegaards, Luthers, Augustins, aber sie denkt sie zugleich wissenschaftlich, phänomenologisch, objektivierend. Der Appell zum Selbstsein, Echtsein und Eigentlichsein, zur Einsenkung in die Geschichtlichkeit der eigenen zu übernehmenden Herkunft des Soseins, zum Ernst der Frage in der trostlosen Situation ist da wie in jener großen Überlieferung, deren Gehalte fallen gelassen sind in einem leer werdenden Ernst. Die Objektivierung zur Lehre aber macht das Ganze zugleich wieder unverbindlich, phänomenologisch neutral, lernbar und als Wissen anwendbar und damit philosophisch verkehrt. Daher konnten Psychiater die Existentialien zur Beschreibung von gewissen Anfällen, Zuständen und Dauerformen der Geisteskrankheiten benutzen, nicht ohne Erfolg in manchen auf diese Weise möglich werdenden Beschreibungen. Und daher kann Bultmann die Existentialien als eine vermeintlich wissenschaftliche philosophische Erkenntnis sowohl zur Exegese wie zur Aneignung biblischer Texte benutzen. Diese Anwendung wurde dadurch erleichtert, daß die Begriffe dieses Philosophierens selber schon ihre Herkunft aus biblisch fundiertem Denken hatten.

*b)*Die Beschränkung der Philosophie auf ein Buch von Heidegger und, wie ich vermute, daß Mißverständnis dieses Buches durch Heraushebung seiner »wissenschaftlichen«, objektivierenden, lehrmäßigen Seite bedeutet bei Bultmann faktisch seine Absperrung von aller Philosophie. Das zeigt sich in seinen Schriften auch sonst. Sooft Bultmann philosophiegeschichtliche Tatbestände bei seinen Forschungen berichtet, handelt es sich um Aussagen, die man referieren kann, um jenen Bestand vordergründiger Richtigkeiten historischer Wiedergabe, nicht um die Philosophie selber. Kein Hauch etwa kantischen oder platonischen Denkens scheint ihn berührt zu haben. Seine, übrigens Heidegger selbst, wie mir scheint, fremde Auffassung von Philosophie ist die der wissenschaftlichen Philosophie im Sinne der Professorenphilosophie des 19. Jahrhunderts oder der doxographischen Auffassung der hellenistischen Zeit. Wie brüchig müßte eine darauf begründete Theologie Heidegger erscheinen, wenn er sich dazu äußern wollte!

*c)*Wenn etwas in den Ansätzen des Philosophierens, die man heute trotz ihrer Verschiedenheit in Gesinnung, Form und Gehalt als Existenzphilosophie zusammenfaßt, gemeinsam ist, dann ist es negativ der Durchbruch durch die wissenschaftliche Philosophie und positiv das Ergreifen eines Ernstes, der allem bloßen Wissen abgeht. Das nun ist verschleiert durch eine Unterscheidung, die der philosophischen Unechtheit wieder Einlaß gewährt, die Unterscheidung von existentialer Analyse und existentiellem Denken. Ich weiß nicht, ob Heidegger selber diese Unterscheidung schon gemacht hat – sie würde jener Zweideutigkeit entsprechen – oder ob erst Bultmann sie instaurierte. Die Folgen dieser Unterscheidung sind: Man will in wissenschaftlicher Objektivität mit existentialer Analyse erkennen, was nur existentiell einen Sinn haben kann. Existentialien vergegenständlichen, was nur in Signen Hinweis sein kann. Als allgemeingültiges Erkennen wird behandelt, was nur als Erwecken und Unruhigmachen Sinn hat. Es wird unverbindlich gewußt, was nur verbindlich im inneren Handeln vollzogen werden kann. Die Verantwortung für das Wort begnügt sich mit wissenschaftlich rationaler Verantwortung, statt für Gehalt und Wirkung einzustehen. Man gestattet sich, als philosophisches »Bewußtsein überhaupt« zu reden, wo man nur als man selbst im Ernst reden darf. Man täuscht ein Wissen vor, wo alles auf jenen Grund ankommt, der nie gewußt wird und den wir seit Kierkegaard Existenz nennen. Es wird in begrifflichen Bestimmungen fixiert, was nur im transzendierenden Denken in Schritten geschehen kann, die Sinn nur haben in dem Maße, als sie in einem inneren Handeln Widerhall finden und Wirklichkeit in der Lebenspraxis des so Denkenden werden oder waren.

Weiter liegt in der Objektivierung zu gewußten Existentialien und zu wissenschaftlicher Philosophie die Folge eines neuen Dogmatismus, weniger der Begriffsgestalt als der Haltung: Eine moderne Weise der Verzweiflung findet ein Selbstverständnis ohne Transzendenz. Entschlossenheit als solche, ohne Gehalt, wird sich genug. Eine vermeintliche Erkenntnis davon, was wir sind oder sein wollen oder sein können oder vermeintlich nicht anders sein können, erzeugt eine neue Intoleranz der Denkungsart, nämlich Wahrheit überhaupt zu beanspruchen für das, was nur das eigene Dasein ist, das sich als das moderne, der Zeit gemäße, fühlt. Von daher kommt eine Neigung mancher revoltierender, ihre Bodenlosigkeit im Nichts verabsolutierender Menschen, nicht etwa aus einem wissenschaftlichen Fortschritt einer wissenschaftlichen Philosophie.

Das letztere meint Bultmann, während er der vorher charakterisierten Neigung fernsteht. Daher wird bei ihm das Philosophieren in Heideggers Buche »Sein und Zeit« in dem einen Sinn einer wissenschaftlich allgemeingültigen Erkenntnis vom Menschsein isoliert. Dieser Sinn mag dem Buche selber schon eigen sein, aber beiläufig und nicht eindeutig. Losgelöst und indifferent gemacht, wird dieses Denken zu einem Werkzeug denkenden Aneignens der existentiellen Sätze der Bibel durch existentiale Auslegung. Es ist ein täuschendes Werkzeug. Es macht jedenfalls, so aufgefaßt, blind für Philosophie. Was es für die Bibel leistet, sehe ich mit Zweifeln. Woher kommt es, daß das, was bei Heidegger Ton hat, bei Bultmann so tonlos wird? Mir scheint, von Bultmanns Wissenschaftsvorurteil in bezug auf die Möglichkeit der Philosophie, seinem Wissenschaftsaberglauben in der Philosophie.

Existentiale Analyse gibt es nicht, weder als wissenschaftliche Erkenntnis noch als ernsthafte Aneignung. Sie ist, wenn sie philosophisch ist, niemals wissenschaftlich neutral, nie allgemeingültig, sondern sogleich existentiell: Sprache aus dem Ernst für den Ernst, aus der Ergriffenheit für den Ergreifbaren, mit der Verantwortung nicht für wissenschaftliche Richtigkeit, die hier nicht zu suchen und nicht zu finden ist, sondern für die Wahrheit dessen, was ich darin will und vollziehe und bin und auf das ich andere zur Antwort anrufe. Die philosophische Sprache hat die Verantwortung für das, wohin ihre Gedanken zielen, was durch sie im inneren Handeln aus mir wird und welche Folgen im äußeren Handeln und in konkreten Entscheidungen und im alltäglichen Leben daraus entspringen. Diesem Ernst entziehe ich mich durch jene Unterscheidung von existential und existentiell für den Bereich solchen Sprechens. Sie ist keine kritisch klärende, sondern eine ins Unverbindliche verführende Unterscheidung. Sie lähmt, statt zu erwecken. Sie bringt ins endlose Weiterreden ohne Fortschritt. Sie gibt dem so Gesagten einen hohlen Ton.

II. Wenn ich gewagt habe, Bultmanns Position als wissenschaftsfremd und philosophiefremd zu kennzeichnen, habe ich dann nicht mindestens übertrieben? Hat nicht die Philosophie noch eine andere, bei meinen Erörterungen vergessene Aufgabe, nämlich die Erhellung und kritische Begrenzung all unserer Wissens- und Glaubensweisen? In der Tat hat gerade hier Bultmann durch seine Auffassung von Mythen, vom Wissen und Glauben den Raum sichern wollen, in dem der Glaube möglich ist. Diese philosophische Aufgabe betrifft nicht den Gehalt, sondern die Denkform. Die Entmythologisierung soll durch

Aufweis einer geschichtlich überholten, heute falschen Denkform den Glauben von dieser Form befreien. Es handelt sich um jenes Feld philosophischer Arbeit, das durch Plato zuerst angebaut, seit Kant transzendental genannt wurde und heute mannigfach, so auch unter dem Titel einer Erhellung der Weisen des Umgreifenden, betrieben wird. Die hier vollzogene Besinnung hat, im Unterschied zu der eigentlichen, die Gehalte zeigenden philosophischen Spekulation, einen Charakter, der der wissenschaftlichen Erkenntnis durch die Art des Anspruchs auf Allgemeingültigkeit verwandter ist, aber diese doch nicht erreicht.

Wiederum beschränke ich mich auf einige Thesen:

1. Alles, was für uns wirklich ist und was wir wirklich sind, ist in unmittelbarer Erfahrung gegenwärtig. Diese Erfahrung aber ist unmittelbar und geradezu auf keine Weise in ihren hohen Augenblicken oder ihrer Verarmung, in ihrer Konzentration eines Lebens oder ihrer Zerstreuung, sie ist überhaupt nicht als Zustand zu fassen. Sie bleibt die Stätte aller Verwirklichung, ohne daß diese Stätte selber als ein Ganzes und als Gegenstand erkennbar wäre. Aber wir stellen bei allem, was behauptet wird, die Frage, ob und wie sein Gehalt für uns wirklich ist, eine Frage, die nicht rational, sondern durch diese Wirklichkeit selber an dieser Stätte beantwortet wird. Ohne solche Antwort bleibt leeres Gerede.

Diese Stätte ist der Ort, wo ein Bewußtsein auf Gegenstände gerichtet ist, die es sich gegenüber stellt und meint. Alle Helligkeit, alles Denken und Sprechen ist in dieser Spaltung dessen, der denkt, und des Gegenstandes, den er denkend meint, von Subjekt und Objekt. Diese Spaltung ist der lichte Kamm der Welle, der getragen wird von einem tiefen Grunde, oder ist die Flamme, die in der Spaltung des Bewußtseins genährt wird durch den Zustrom aus dem unerschöpflichen Umgreifenden. Bleibt die Nahrung aus, verschwindet der Grund, ist bloß noch die Spaltung eines die Gegenstände meinenden Bewußtseins da, so ist es wie ein Rascheln abgefallener, vertrockneter Blättermassen, die die Sprachhülsen eines Gewesenen durcheinanderwirbeln und in äußerlichen Ordnungen jeweils einen Schein von Bestand auftreten lassen in der Endlosigkeit des beliebigen Anderswerdens.

Das Bewußtsein und seinen Grund in dem ganzen Umfang der Möglichkeiten zu erfassen, versucht die Philosophie etwa in der Aufstellung der Erkenntnisstufen von der Sinnlichkeit bis hinaus zum übersinnlichen Anschauen der Gottheit (Antike und Mittelalter) oder etwa in der Erörterung der Vermögen des menschlichen Gemüts, nämlich des Denkens als Gegenstandserfassens, des Wollens als Verwirklichens, des Fühlens als Inneseins seines Zustandes (Kant) oder etwa in der Erhellung der Weisen des Umgreifenden, in denen die Spaltung von Subjekt und Objekt stattfindet, von ihm gleicherweise auf der subjektiven und objektiven Seite erfüllt; so als Dasein in seiner Umwelt, als Bewußtsein überhaupt mit seiner Gegenstandswelt, als Geist mit seiner Gestaltenwelt, als Existenz mit ihrer Transzendenz. Wenn auf jedem dieser Wege die Stätte der Gegenwärtigkeit in ihrem ganzen Umfang durchschritten wird, dann wird das in die Weisen des Umgreifenden Unterschiedene in seiner Einheit hell, nämlich im Ineinanderspiel und Widerspiel der Weisen des Umgreifenden, ihrer Untrennbarkeit voneinander, ihrem Sichtreffen im Bewußtsein überhaupt, und wird als Ganzes wiederum benannt als Mensch, als Vernunft oder, wenn das, was an dieser Stätte gegenwärtig sein kann, benannt wird, als das Sein, als Gott, als das Umgreifende alles Umgreifenden.

Eines ist allen diesen philosophischen Untersuchungen gemeinsam: Sie versuchen etwas wissenschaftlich Unmögliches in ihrer doch der Wissenschaft sich annähernden Form. Sie sprechen von etwas, das Grund aller Gegenständlichkeit, selber aber nicht Gegenstand ist. Sie heißen darum seit Kant transzendental. Sie transzendieren nicht gleichsam nach vorn, über alle Gegenstände hinaus zu einem Dahinterliegenden, sondern gleichsam zurück, über alles gegenständliche Bewußtsein hinaus in den Grund der Möglichkeit des so mannigfachen Gegenstandseins. Daher das Unangemessene aller Sätze, die doch in solchen Untersuchungen ihren Sinn haben.

Wir können nicht anders denken als in der Weise, daß uns etwas zum Gegenstand wird. Bewußtsein haben, heißt in jener Helle leben, die durch die Spaltung von Ich und Gegenstand ermöglicht wird. Es heißt aber auch, in diesem Gefängnis leben der Spaltung des Ichs von einem gegenständlich Gewußten. Wir möchten es durchbrechen, indem wir uns dieser Spaltung in der Reflexion bewußt werden. Dann sehen wir, daß es immer schon durchbrochen ist, wo Menschen im Ernst leben. Die Gegenständlichkeit ist eine Weise, in der das Umgreifende hell wird, das im bloßen Gegenstand verloren ist. Die Ungegenständlichkeit des Umgreifenden wird gegenwärtig in der Weise der Vergegenständlichung der jeweils eigentümlichen Weise des Umgreifenden: als Objektivität, die nur Sinn hat, wenn sie von der zugehörigen Subjektivität getragen wird. So ist Leibhaftigkeit des Gegenstandes für das Dasein, ist logische Gegenständlichkeit für das Bewußtsein überhaupt. So ist aber auch der Mythus, als Leibhaftigkeit der Transzendenz, für Existenz, für die er doch Chiffre ist und in der bloßen Leibhaftigkeit verschwindet.

Nicht Vergegenständlichung ist ein berechtigter Vorwurf (denn nichts wird hell ohne Vergegenständlichung), sondern falsche Vergegenständlichung. So ist für ein Denken der Transzendenz in der Seinsspekulation der Gegenstand so da, daß er doch erst im Zusammenbruch seines Gegenstandseins durch die Gedankenbewegung gegenwärtig werden läßt, was gemeint war. So wird gegenständlich Gedachtes zu Signen möglicher Existenz, die als Existentialien eines objektiv Gemeinten ihren eigentlichen Sinn verlieren. Immer ist die Frage, wie wir die unumgängliche Gegenständlichkeit ergreifen und zugleich in ihrer Unangemessenheit erfassen, und wie wir sie von der falschen Vergegenständlichung unterscheiden.

Das nun sind mühevolle und in der Durchführung umfangreiche Untersuchungen der Philosophie. Auf Grund eines philosophischen Bewußtseins, das sich in solchen Untersuchungen geklärt hat, erlaube ich mir nun einige Bemerkungen zu Bultmanns Thesen.

2. Bultmann unterscheidet mit einer auf Aristoteles zurückgehenden Tradition Mythus und Wissenschaft. Er hält das mythologische Denken für Sache einer Vergangenheit, die durch das wissenschaftliche Denken überwunden ist. Sofern aber im My-

thus ein Gehalt verborgen ist, der diese nur dem damaligen Zeitalter gemäße Sprache fand, ist er zu übersetzen. Der Mythus ist zu interpretieren und so unter Abwerfung des mythischen Gewandes in gegenwärtig gültige Wahrheit zu bringen.

Diesem Gedanken widerspreche ich. Mythisches Denken ist nicht vergangen, sondern uns jederzeit eigen. Allerdings ist der Begriff des Mythus keineswegs eindeutig. Er enthält folgende Momente:

1. Der Mythus erzählt eine Geschichte und bringt Anschauungen im Unterschied von Denken in Allgemeinbegriffen. Der Mythus ist geschichtlich in der Gestalt seines Denkens wie in seinem Inhalt. Es ist nicht Einkleidung eines Allgemeinen, das dann besser direkt, als Allgemeines, in Gedanken gefaßt würde. Er erklärt durch geschichtliche Herkunft im Unterschied von Erklärung durch eine in allgemeinen Gesetzen begriffene Notwendigkeit.

2. Der Mythus behandelt heilige Geschichten und Anschauungen, Göttergeschichten im Unterschied von bloßen Daseinsanschaulichkeiten.

3. Der Mythus ist Bedeutungsträger, aber von Bedeutungen, die nur in dieser seiner Gestalt ihre Sprache haben. In mythischen Gestalten sprechen Symbole, deren Wesen es ist, nicht übersetzbar zu sein in eine andere Sprache. Sie sind nur in diesem Mythischen selber überhaupt zugänglich, sind unersetzlich, unüberholbar. Ihre Deutung ist rational nicht möglich, vielmehr geschieht ihre Deutung durch neue Mythen, durch ihre Verwandlung. Mythen interpretieren einander.

Wie dürftig und spracharm unser Dasein, wenn mythische Sprache nicht in ihm gilt, und wie unwahr, wenn die unumgängliche mythische Denkweise mit albernen Inhalten erfüllt wird. Die Herrlichkeit und das Wunder der mythischen Anschauung muß gereinigt, aber nicht abgeschafft werden. Entmythologisierung ist fast ein blasphemisches Wort. Es ist nicht Aufklärung, sondern Aufkläricht, die das Wort Mythus so entwerten kann. Hört die Pracht des Sonnenaufgangs auf, eine leibhaftige, immer neue, beschwingende Wirklichkeit zu sein, eine mythische Gegenwart, auch wenn wir wissen, daß wir mit der Erde uns bewegen, also vom Aufgang keine Rede sein kann? Hört das Erscheinen der Gottheit auf dem Sinai, im Dornbusch, auf, ergreifende Wirklichkeit zu sein, auch wenn wir wissen, daß im Sinne raum-zeitlicher Realität hier menschliche Erlebnisse stattgefunden haben? Entmythologisieren, das würde bedeuten, ein Grundvermögen unserer Vernunft zum Erlöschen zu bringen. Aber in dem Entmythologisierungsdrang steckt doch eine halbe Wahrheit von der echten Aufklärung her:

a) Mit der Wahrheit des mythischen Denkens geschieht eine Verkehrung durch alle Zeiten bis heute: die Verwandlung der mythischen Chiffreschrift in materielle Realität ihres Inhalts; die Berührung mit eigentlicher Wirklichkeit durch deren einzige Sprache gleitet ab in den Materialismus der Handgreiflichkeit und Brauchbarkeit. Daher hat alle Zeit und hat auch Bultmann wieder recht, wenn er Leibhaftigkeitsbehauptungen in bezug auf Dinge in der Welt bestreitet, die unserem ganz anderen realen Wissen zugänglich sind, das in der modernen Wissenschaft seine Entfaltung, Bestimmtheit und Klarheit in der Begrenzung erfahren hat. Ein Leichnam kann nicht wieder lebendig werden und aus dem Grabe steigen. Historische Berichte sich widersprechender Zeugen mit spärlichen Angaben können nicht eine historische Tatsache erweisen. Wegen unseres durchschnittlichen Materialismus wird die Ableitung mythischer Chiffresprache in die Auffassung garantierter und garantierender Leibhaftigkeit immer wieder stattfinden, wie sie schon bei den ersten Christen und überall sonst in der Welt stattgefunden hat. Diese Verkehrungen kritisch aufzuheben wird eine Aufgabe für alle Zeiten bleiben. Die Erfüllung dieser Aufgabe mag Bultmann einen Augenblick Entmythologisierung nennen und trifft damit etwas Wahres: die Verdinglichung, die transparenzlose Leibhaftigkeit einer vermeintlichen Realität in ihrer Falschheit zu zeigen.

b) Die Forderung aber bleibt nur dann recht, wenn sie im Gegenzug zugleich die Verwirklichung der mythischen Sprache vollziehen lehrt. Nicht Vernichtung, sondern Wiederherstellung der mythischen Sprache ist der Sinn. Denn sie ist Sprache jener Wirklichkeit, die selber nicht empirische Realität ist, der Wirklichkeit, mit der wir existenziell leben, während unser bloßes Dasein sich ständig an die empirische Realität verlieren will, als ob diese allein schon die Wirklichkeit selber sei. Das Recht zur Entmythologisierung hat nur, wer die Wirklichkeit in der Chiffresprache des Mythischen um so entschiedener festhält.

Die eigentliche Aufgabe ist daher nicht, zu entmythologisieren, sondern das mythische Denken in der Vergewisserung der Wirklichkeit rein zu gewinnen, in dieser Denkform anzueignen die wundersamen mythischen Gehalte, die uns sittlich vertiefen, menschlich erweitern, indirekt aber uns der Hoheit des von ihnen niemals erfüllten, sie alle übersteigenden Gottesgedankens bildloser Transzendenz näherzubringen.

Um dem mythischen Denken im eigenen Leben legitime und unersetzliche Wirkungsmacht zu geben, sind zwei kritische Gedanken notwendig.

Der erste sagt: Wenn die mythische Sprache geschichtlich ist und daher ihre Wahrheit ohne Anspruch auf Allgemeingültigkeit eines Wissens bleibt, so vermag sie gerade dadurch der Geschichtlichkeit der Existenz mitzuteilen, was für diese einen unbedingten Charakter gewinnen kann. In der Aussagbarkeit bleibt bedingt und historisch relativ, in der Objektivität bleibt schwebend, was für den darin Denkenden ein Unbedingtes gegenwärtig erhellt. Es gehört zu den Grundeinsichten philosophischer Selbstbesinnung, daß die Wahrheit, die allgemeingültig für alle ist, nur relativ auf den Standpunkt des Bewußtseins überhaupt gilt und existentiell gleichgültig ist, daß dagegen die existentielle Wahrheit, die identisch mit dem sie Denkenden wird, so daß er in ihr lebt und stirbt, gerade darum geschichtlich sein muß und in der Aussagbarkeit nicht allgemeingültig für alle werden kann. Das Recht, im Mythischen zu leben, hat nur, wer die Unbedingtheit geschichtlicher Existenz, die sich darin hell wird, nicht verwechselt mit der Allgemeingültigkeit eines Inhalts, der als Behauptung von einer Realität als gültig für alle auftritt. Auch wäre diese überlieferte Wirklichkeit verloren, wenn sie aufgelöst würde in allgemeine philosophische Ideen.

Wo aber mythische Sprache im Augenblick unbedingten Entschlusses zur Geltung gelangt, ist nicht vorauszusehen. Sie zu lernen, in der Anschauung zu eigen zu machen, bedeutet nur Möglichkeit und Vorbereitung. Aber schon dies geschieht geschichtlich. Sich der eigenen Herkunft der Geschichtlichkeit anzuvertrauen bedeutet für uns die größere Nähe von Bibel und Antike trotz aller Neigung zu den asiatischen Gehalten.

Der zweite kritische Gedanke bringt alle mythischen Bilder in die gehörige Schwebe durch die selbe biblische Forderung: Du sollst dir kein Bild und Gleichnis machen. Alles Mythische ist eine Sprache, die verblaßt vor der Transzendenz der einen Gottheit. Wenn wir in der mythischen Sprache als Chiffresprache erblicken, hören, denken, wenn wir keine konkrete Vergewisserung ohne solche Sprache anschaulich machen können, so dürfen wir doch zugleich wissen: Es gibt keine Dämonen, es gibt keine magisch-kausale Wirkung, es gibt keine Zauberei. Darum bleibt doch nicht weniger ein begleitendes und ergreifendes Bild: wie die drei Engel den Abraham besuchen, wie Moses die Gesetzestafeln empfängt, wie Jesaias in der Vision nicht Gott selber, aber seine nächste Erscheinung sieht, wie Gott im Donner den einen, in dem leisen Wehen den andern anspricht, wie Bileams Eselin es besser sieht als ihr Reiter, wie der Auferstandene abwehrend sagt: *noli me tangere*, wie er zum Himmel fährt, wie der Heilige Geist die Gläubigen ergreift, und so fort ins Unendliche.

Nun sind die drei Trennungen: von Leibhaftigkeit und Chiffresein, dann von mythischen Gehalten und transzendentem Gott, schließlich von unbedingter Geschichtlichkeit und bedingter Allgemeingültigkeit, nur dem philosophisch erhellten Bewußtsein eigen. Ursprünglich kann eines sein, was wir so trennen, und wird es wieder, wo es wirkendes Leben ist. Daher ist dem philosophisch Naiven Leibhaftigkeit und Charakter der Chiffreschrift nicht getrennt. Es gibt fromme Anschauung dieser Leibhaftigkeit, als ob sie auch empirische Realität sei. Die Frömmigkeit zeigt sich darin, daß die Konsequenzen eines materialistischen, magischen, nutzenden Mißbrauchs solcher Leibhaftigkeit wie selbstverständlich ausbleiben. Dagegen gibt es eine unfromme, materialistische Anschauung der mythischen Leibhaftigkeit als einer greifbaren Realität, der der Charakter der Chiffre verlorengeht und die damit erst Aberglaube wird.

c) Die wesentlichste und große Aufgabe aber ist für jeden, der das Feld mythischen Denkens betritt, innerhalb dieses Denkens zu ringen um das für wahr Geglaubte. Mythus steht gegen Mythus, nicht in rationaler Diskussion, nicht notwendig mit dem Ziel der Vernichtung des anderen, sondern im geistigen Kampf. Dieser Kampf wird unredlich, wenn er den gegnerischen Gehalt in der Veräußerlichung sieht und wenn er gar an ihm die mythische Denkform bekämpft, die er für die Gestalt des eigenen Glaubens verleugnet. Der Kampf ist nur offen und erhellend, wenn er aus dem Ursprung gegen den Ursprung sich richtet. Aus dem Zustand, in den der Mensch durch eine bestimmte mythische Anschauung gerät, wehrt er sich, an solchem Zustand teilzunehmen, oder bejaht sich in ihm. Er erblickt die Folgen für das Tun und Sichverhalten. Aber er kann nicht, was er für sich verwirft, für alle verneinen. Er wird für den andern gelten lassen, was er selbst nicht annimmt. Es handelt sich um existentielle Wahrheit, die nur im mythischen Denken geistig wirksam wird, ohne Mythik aber außerhalb unseres Horizontes bliebe.

So erwächst die Kraft aus dem Bibellesen nicht dem gleichmäßig folgenden Gehorsam gegen die Texte, sondern durch die Teilnahme an den Gehalten, die der Lesende abstößt oder aneignet. Er gerät mit den mythischen Inhalten in Zustände, die er dadurch als Möglichkeiten erfährt, er sieht die Gehalte in den Bildern, die ihm gegeneinander treten, sich in Stufen der Wesentlichkeit ordnen und die alle über sich hinaus weisen ins Bildlose. Nicht rationale Erkenntnis, sondern existentielle Erhellung im Raum der sich widersprechenden, der polaren, der sich ergänzenden und der sich ausschließenden Möglichkeiten der Bibel setzt sich um in Antrieb und Abwehr. Die Bibel ist ein für uns bevorzugter Ort dieses Ringens, ein anderer die griechischen Epen und Tragödien, ein anderer die heiligen Bücher Asiens.

Nicht Übersetzung, nicht Umdeutung, nicht Interpretation durch ein begrifflich Allgemeines – dies alles, seit dem Altertum geübt, mag auch beiläufig einen beschränkten Sinn eigentümlicher Aneignung haben –, sondern Eintreten und Verweilen in der mythisch anschaulichen Gegenwärtigkeit lehrt den Vollzug der klärenden Kämpfe, in denen kein Besiegter vernichtet wird, sondern als abgewiesene Möglichkeit gekannt bleibt.

Bei Bultmann nun meine ich ein Ergebnis solchen Ringens um die Wahrheit biblischer Gehalte gegen andere biblische Gehalte wahrzunehmen, dem ich nicht folge. Hier liegt der entscheidende Punkt des Für oder Wider. Bultmann, der als Forscher für alle Teile der Bibel interessiert ist und für das Neue Testament überall durch bedeutende Forschungen die historische Erkenntnis vermehrt hat, scheint als Theologe ganz anders, nämlich in seiner Wertschätzung klar und bestimmt. Gegenüber dem Alten Testament ist er fast gleichgültig. Das Studium der Synoptiker zeigt ihm, daß wir von Jesus historisch wenig wissen und daß ungemein viele Inhalte dieser Bücher Allgemeingut der noch nicht christlichen Umwelt waren. Dagegen findet sich die höchste Schätzung bei ihm für Paulus und das Johannesevangelium. Die Offenbarung liegt für ihn nicht in einem historisch kennbaren Jesus, sondern in einem aus den späteren Texten hörbaren und in diesen selber gemeinten Heilsgeschehen, das die Jünger und Apostel konzipiert haben. Dabei liegt das Gewicht auf dem mythischen Gedanken von der Rechtfertigung allein durch den Glauben, diesem für unser Philosophieren fremdesten Gedanken. Bultmann neigt als gläubiger Leser des Neuen Testaments zu der in diesen Büchern ausgesprochenen Theologie, dagegen weniger oder gar nicht zur Lebenswirklichkeit des Neuen Testaments. Der spiritualisierte Christus des Johannesevangeliums, wie ein Märchenzauber auf Goldgrund, etwas in seiner Weise vielleicht Schönes und Fesselndes, scheint uns an Gehalt außerordentlich viel geringer als die Wirklichkeit Jesu bei den Synoptikern. Darauf kommt es Bultmann nicht an. Er ist wenig berührt von der Absurdität des gnostischen Mythus im Johannesevangelium, den er als solchen doch erstmalig klar erkennt, aber als Überwindung des Mythus versteht. Er ist trotz seiner eingehenden Interpretation kaum berührt von der Tatsache des ersten christlichen, mythisch gegründeten Antisemitismus in diesem Evangelium, der weder bei Paulus noch bei den Synoptikern da ist und selber ein Zeichen ist für die Glaubensweise des Verfassers dieses Evangeliums der Liebe. Die Auswahl, Betonung,

Wertschätzung, Rangordnung und Verwerfung der besonderen in der Bibel vorkommenden Gehalte läßt sich nur klären durch den Kampf innerhalb der mythischen Anschauungsweise selber, die wir heute wie jederzeit zu vollziehen vermögen und faktisch vollziehen.

3. Bultmann hat sein Denken unter den Titel »Glauben und Verstehen« gebracht. Verstehen ist Thema fast aller seiner Erörterungen: Exegese des Neuen Testaments ist sein Arbeitsgebiet, »existentiale« Interpretation die Form der verstehenden Aneignung. Der Glaube wird vorausgesetzt und selber erst in seinem Wesen herausgebracht durch das Verstehen, nämlich als Glaube an das Heilsgeschehen, nicht als Glaube an die leibliche Auferstehung. Er begründet sein Glaubensverstehen mit den Texten – durch Überordnung des Sinns der Johanneischen und Paulinischen Schriften über die synoptischen –, und er versteht die Texte durch seinen Glauben. Das ist der unausweichliche hermeneutische Zirkel in allem Verstehen, aber hier in einer besonderen Gestalt vermöge des absoluten Glaubensanspruchs. Den Begriff »Verstehen« nun gebraucht Bultmann in der Selbstverständlichkeit eines Sinns, bei dem mir Entscheidendes vergessen scheint.

Unmittelbare Wirklichkeit enthält in eins, was wir in der Reflexion kritisch scheiden und was im erfüllten Leben wieder als ein untrennbares Ganzes da ist: sinnhaftes Angesprochenwerden und sinnfremdes Geschehen, persönliches Wirken und Fordern und Helfen des Du und unpersönlicher Widerstand, Unterworfenwerden und Materialwerden oder Übermächtigwerden der Dinge, dunkle Mächte und klare Ursachen, Wahrnehmbares und Zugrundeliegend-Gedachtes, Stimmungen und kalte Notwendigkeit. Was in solchen kritischen Scheidungen der unmittelbaren Wirklichkeit liegt, erörtern wir näher in bezug auf den Sinn von »Verstehen«.

a) Im Erfassen der Wirklichkeit unterscheidet man: Erklären und Verstehen. Was von außen als das schlechthin Andere gesehen wird, das heißt Natur und wird erklärt als ein Geschehen unter Gesetzen. Was von innen als das Andere, aber Verwandte wahrgenommen wird, heißt Seele oder Geist oder Person, und dieses wird verstanden als Sinnzusammenhang. Faktisch, soweit empirische Forschung möglich ist, ist Gegenstand des Erklärens die Natur, der Kosmos, die Materie, das bewußtlose Leben, ist Gegenstand des Verstehens der Mensch und die Inhalte seiner geistigen Geschichte.

b) In einem weiteren und allumfassenden Sinn nennen wir Verstehen jede Weise, in der wir denkend Wirklichkeit gegenwärtig haben. Jede Weise des Auffassens, ob der Natur oder des Menschen, der Mächte, der Götter, Gottes, heißt Verstehen. Es gibt nichts anderes als Verstehen. Naturverständnis, Selbstverständnis, Gottesverständnis und so fort, alles ist Verstehen. Verstehen ist die Weise der Gegenwart des Seins, das wir sind. Dieses ist die Wirklichkeit und Wirkungsmacht dieses Verstehens selber.

Davon verschieden ist nur eines: daß wir das irgendwo von irgendwem Verstandene nachträglich noch einmal verstehen können, ohne selber wirklich darin und dabei zu sein. Wir können Cäsar verstehen, ohne Cäsar zu sein (Simmel), wir können Kunstwerke verstehen, ohne sie selbst hervorzubringen, wir können wissenschaftliche Erkenntnisse verstehen ohne eigenes Erkennen. In diesem Sinne verstehen wir nicht nur, sondern *verstehen das Verstandene* (Boeckh: Erkennen des Erkannten). Dies Verstehen des Verstandenen vollzieht in großem Stile die Philologie und die durch sie mögliche Geistesgeschichte, die Mythengeschichte, Religionsgeschichte, Kunstgeschichte, Sprachgeschichte, Literaturgeschichte, Staats- und Rechtsgeschichte, Philosophiegeschichte.

Was wir in den Wissenschaften als Verstehen dem Erklären gegenüberstellen, ist also dieses Verstehen des Verstandenen, nicht das ursprüngliche Verstehen. Das ursprüngliche Verstehen ist die Wirklichkeit des Verstehens selber, ist im Besitze seiner selbst und des Verstandenen; das Verstehen des Verstandenen ist im Blick auf jene Wirklichkeit ihr selbst in der Blässe der eigenen Wirklichkeit fern. Das ursprüngliche Verstehen entscheidet gut und böse, wahr und falsch, schön und häßlich; das Verstehen des Verstandenen steht dem in einem Abstand der eigenen Unverbindlichkeit gegenüber und unterscheidet nur richtig und unrichtig im Treffen oder Nichttreffen des einst in der Wirklichkeit gemeinten Sinns. Das ursprüngliche Verstehen vollzieht in jedem Augenblick Wertungen; das Verstehen des Verstandenen suspendiert die eigenen Wertungen, je richtiger es wird (Max Weber).

c) Diese anscheinend klare Unterscheidung ist aber in der Tat nicht eine reine Scheidung zweier Gebiete, sondern Ausdruck einer Spannung, in der der Wille zur maximalen Helligkeit im Verstehen des Verstandenen methodisch vorübergehend jene Suspension der Wertungen versucht, obgleich das wertende Dabeisein faktisch die Quelle aller Einsicht im Verstehen bleibt.

Die Schwierigkeit machen wir deutlich an dem geisteswissenschaftlichen Verstehen als empirischer Wissenschaft. Geisteswissenschaft ist erstens gebunden an Dokumente, Zeugnisse, Werke, Sprachen in Raum und Zeit, an das sinnlich jetzt Gegenwärtige, das aus der Vergangenheit oder aus der Ferne mir vor Augen ist, sie ist zweitens gebunden an mein Verstehenkönnen. So wie sinnliche Wahrnehmung in der Naturwissenschaft das Vermögen der Sinnesorgane voraussetzt, so das Verstehen in der Geisteswissenschaft darüber hinaus das Vermögen verstehender Anschauung. Hier wird nun der eben so einfach behauptete Tatbestand, wir könnten Cäsar verstehen, ohne Cäsar zu sein, vielmehr zur Frage: Wie ist das möglich? Wie verhält sich das Verstehen des Verstandenen als wirklichkeitsloses Verstehen zu dem ursprünglichen wirklichen Verstehen? Wie verhält sich Verstehen des Verstandenen zu einer Aneignung des Verstandenen in eigener Wirklichkeit? Daß für beide Weisen des Verstehens, des ursprünglichen und des verstehenden Verstehens, dasselbe Wort gebraucht wird, ist ein Hinweis, daß ein Zusammenhang beider besteht.

Wiederum haben wir zwei Wege zu trennen als grundsätzlich auf verschiedene Ziele gerichtet.

Die scheinbar klare Scheidung zwischen Verstehen und Verstehen des Verstandenen wird aufgehoben in dem ursprünglichen Verstehen selber, das aus dem schon Verstandenen sich entzündet. Es ist das Wesen des Geistes, sich im Rückbezug auf sich selbst hervorzubringen. Er nährt sich aus dem Verstandenen in seinem ursprünglichen Verstehen, er selber ist Geschichte, ist Geist durch Überlieferung. Er fängt nie an, wenn er ursprünglich ist. Er hat stets schon Voraussetzungen des Verstandenen (Hegel). Dieses ursprüngliche Verstehen auf dem Grunde des Verstehens des Verstandenen verwandelt, eignet an, aber kennt nicht den Maßstab, richtig zu verstehen, was vor ihm im Verstehen gemeint war. Oder er gibt sich den Anspruch, den Autor besser zu verstehen, als er sich selbst verstand (der Satz stammt von Kant, der es aber von den Lesern seiner Werke erwartet).

Dagegen steht der andere Wille, der nur verstehen will, was verstanden wurde, nur wissen will und richtig treffen will, was faktisch gemeint war im Gedachten, Geglaubten, dichterisch und künstlerisch Geschaffenen. Er läßt sich nicht abbringen von dem Ziel richtiger Erkenntnis vorgefundenen Geistes durch die für den Historiker gefährliche, für den Theologen oder Philosophen sinnvolle Wendung: Man solle verstehend herausheben, was an sich in der Sache lag. Er will vielmehr empirisch möglichst zwingend zeigen und rein herausheben, was faktisch gemeint war.

Nun gibt es im ursprünglich Verstandenen wahr und falsch, gut und böse, schön und häßlich. Soweit der Spätergekommene im eigenen ursprünglichen Verstehen es besser weiß, kann er um so klarer das einst wirklich Gemeinte überblicken und dann das Irren als empirischen Befund gewesener geistiger Wirklichkeit zeigen. Dies gilt jedoch eindeutig und klar nur von wissenschaftlicher Erkenntnis. Überall sonst geschieht kein Überblicken, das sich in besserem Wissen und besserem Rechte dünken dürfte. Vielmehr liegt das Unersetzliche des ursprünglichen Verstehens, das aus der Vergangenheit zu uns spricht, darin, daß es unerschöpflich ist. Wo das nicht der Fall ist, hat es kein eigentliches Interesse, sowenig wie erledigte wissenschaftliche Irrtümer. Das hinzukommende Verstehen des Verstandenen steht daher, wo es unüberbietbar Ursprüngliches vorfindet, wohl im Ringen mit dem Vergangenen, aber ohne absolut gültigen Maßstab. Dieses Ringenkönnen wird nur suspendiert (das heißt aber keineswegs ausgelöscht), wenn die historische Wirklichkeit als solche empirisch verstanden werden soll.

Dieses reine, von sich selbst absehende Verstehen des Verstandenen ist also nicht ein Vorgang passiven Abbildens. Es fordert die Möglichkeit eigenen ursprünglichen Verstehens, dessen Aktivität nur suspendiert ist. Daher ist das Verstehenkönnen in den Geisteswissenschaften individuell begrenzt, nicht gleichermaßen bei jedem vorauszusetzen wie die biologische Gegenwart der Sinnesorgane bei allen Gesunden. Die Begrenzung des Verstehenkönnens beschränkt die zwingende Mitteilbarkeit der Geisteswissenschaften, bringt in sie den Zug scheinbarer Nichtallgemeingültigkeit und läßt den großen geisteswissenschaftlichen Leistungen in viel höherem Maße als den naturwissenschaftlichen den persönlichen Charakter.

Verstehenkönnen des Verstandenen ist schon ein mögliches Seinkönnen, ist selber durch diese Möglichkeit in Bewegung, ist in den eigentümlichen Zug des Beteiligtseins gebracht; so die politische Einsicht des an der Tat Verhinderten, die Kunsteinsicht dessen, der wohl ergreifen, aber nicht schaffen kann, der wohl das Vermögen der Anschauung, aber nicht der Schöpfung ästhetischer Ideen hat, die Religionseinsicht dessen, der einen Glauben vielleicht sehnsüchtig begehrt oder aus Selbstbehauptung der Vernunft verwehrt, aber selber nicht verwirklicht.

Die Spannung zwischen ursprünglichem Verstehen und Verstehen des Verstandenen hat wesentliche Folgen. Zwischen dem, der im Verstehen selbst ursprünglich wirklich ist, und dem, der nur versteht, was schon verstanden wurde, bleibt ein Sprung. Der zusehende Verstehende kann vielleicht weiter gelangen, mehr einsehen als irgendeiner von denen, die es selber tun und sind. Aber die Weite der Einsicht hat er um den Preis der Blutlosigkeit und dazu noch um den Preis einer grundsätzlichen Beschränkung: Überall müssen wesentliche Momente seiner Einsicht entgehen gerade dadurch, daß er nicht selber ist, was er einsieht. Und leicht führt uns die Ergriffenheit im Verstehen des Verstandenen zu der Verwechslung, solches Verstehen schon für eigene Wirklichkeit zu halten. Bei Gewöhnung an solches Verhalten geraten wir in die Selbsttäuschung, die eigene Existenz durch den Schein des verstehenden Erlebens von Möglichkeiten zu ersetzen, die Unverbindlichkeit einer ästhetischen Lebenshaltung für eigene Wirklichkeit zu halten.

d) In jedem ursprünglichen Verstehen wird das Unverständliche berührt. Der kritischen Klarheit zeigt es sich in zwei entgegengesetzten Gestalten: das Unverständliche, das als das Dunkle schlechthin nur Gegenstand des Erklärens als Naturgeschehen ist, und das Unverständliche, das in jeder Existenz wirklich, aber, obzwar unerhellt, ins Unendliche verstehend erhellbar ist.

Dem entsprechen jene zwei Methoden: die des von außen, naturwissenschaftlich, vorgehenden Erklärens der Herkunft des Wirklichen aus dem absoluten, unerhellbaren Dunkel des schlechthin Andern – und die des Verstehens, die das sachlich Sinnhafte entfaltet und dadurch in die einmalige Geschichtlichkeit eindringt.

Beide Wege führen ins Unendliche: das Erklären zur Erkenntnis der Gesetze des Geschehens, das sein Inneres nicht enthüllt und das für diesen Erkenntnisaspekt auch kein Inneres hat – das Verstehen zur Erkenntnis der Sinnzusammenhänge, die stets auf ein Tieferes weisen. Dort wird im Verfahren des Erkennens immer entschiedener das Dunkel ein absolutes, die Zufälligkeit des Soseins, hier das Hellwerdenkönnen eines grundsätzlich ganz und gar zur Offenbarkeit Drängenden deutlich.

Beide Wege führen auf etwas, das, obgleich methodisch für unser Erkennen radikal getrennt, im transzendierenden Denken einer Metaphysik vielleicht koinzidiert. Darauf weist, daß die Existenz des Menschen in ihrem tiefsten Bewußtwerden zu vereinigen scheint das, was als naturgegeben in seinem Aspekt allgemein erforschbar ist, und das, was geschichtlich in seiner Unersetzlichkeit ins Unendliche verstehbar ist. Denn das, als was Existenz sich selbst übernimmt, ist die Zweideutigkeit des Unverständlichen selber, das sich dem tiefsten Verstehen als Dunkel und als Erhellbarkeit zeigt.

Der Sinn alles großen Verstehens birgt in sich die Berührung des Unverständlichen nach beiden Seiten. In dem Maße dieser Berührung wird das Verstehen des Verstandenen selber ursprüngliches Verstehen, tritt es ein in die Wirklichkeit, weil es Moment der eigenen geschichtlichen Verwirklichung wird.

e) Beurteilen wir mit den hier entwickelten Unterscheidungen Bultmanns Erörterungen des Verstehens, so scheint mir:

Weil Bultmann die Differenz vom ursprünglichen Verstehen und Verstehen des Verstandenen wohl weiß, aber nicht bewußt hält, erlischt in seinen Schriften die große Spannung zwischen beiden. Zwischen empirischer, philologischer Exegese und theologischer Glaubensaneignung geht es hin und her. Die beiden großen Ziele der historischen Forschung und des ursprünglich verstehenden glaubenden Dabeiseins erbauen in ihrem Gegensatz kein durch das Ringen mitreißendes Werk, sondern kollabieren eher spannungslos in einer Unklarheit, um beiden Zielen auf einer geringeren Ebene nebeneinander zu dienen. Das wird fühlbar, wenn wir den Umgang mit dem Unverständlichen noch einmal bedenken.

Ist Verstehen noch im Schlagen an das Unverständliche? noch in der Erhellung der Grenze? Nur nach der einen Seite war uns die Grenze grundsätzlich; hier wird sie nur immer dunkler, unüberwindlicher, je entschiedener das Erkennen ist; noch am Geiste ist das Merkmal seines Naturseins die Unbeweglichkeit des Nichthörens, die Starre in der Unzugänglichkeit für Gründe, der Abbruch des Verstehens selber, die Selbstbehauptung eines Unverständlichen, das sich noch im scheinbar Verständlichen als in seinem Vordergrund verbirgt. Nach der anderen Seite liegt die Tiefe der unendlich fortschreitenden Verstehbarkeit frei, das Sichoffenbarenwollen der vernünftigen Existenz.

Dem Willen zum Verstehen (das sich nicht mit dem Erkennen von außen begnügt) zeigt im Schlagen an das Unverständliche entweder dieses selber sich in mythischen Gestalten und spekulativen Begriffen; dann ist es, als ob es sich zeigen wollte, aber es verbirgt sich doch in der großartigen und vieldeutigen Sprache. Oder das Unverständliche öffnet sich der unendlichen Kommunikation der Existenz zwischen Menschen.

Glaube sieht das Unverständliche beider Seiten in eins durch sein ursprüngliches Verstehen im Mythus und dann im Begriff, ohne es wirklich zu verstehen. Es schlägt an das Unverständliche, es vergegenwärtigend in dieser Weise des Verstehens. Dieser Glaube teilt sich mit, in eins sich selbst und dem andern. Glaube, der sich mitteilt, macht Anspruch auf Verstandenwerden. Mitteilbarkeit ist Verstehbarkeit.

Wenn Bultmann Glauben mit dem Verstehen verbindet, trifft er daher auf den entscheidenden Punkt. Die Frage ist nur, wie solches Verstehen im Schlagen an das Unverständliche sich vollzieht. »Existentiale« Interpretation als wissenschaftliche Einsicht scheint unmöglich: Sie vollzieht eine falsche Vergegenständlichung. Trotz bewußter Abwehr der Vergegenständlichung kann diese nicht aufhören, wird jedoch im Selbstmißverständnis unbemerkt, darum ein falsches Wissen und in den Mitteilungsweisen falsches Glauben. Dagegen gilt: Verstehen des Glaubens ist, wenn es Gewicht hat, in der Mitteilung »existentielle« Interpretation. Solches Verstehen geschieht nicht als Methode einer Forschung. Es ist ein Sprechen aus der Quelle. Es gelingt nicht in Indifferenz wissenschaftlicher Erkenntnis, die es hier nicht gibt, sondern nur mit der Verantwortung des Soverstehens. Es ist ein Umkreisen, Umschreiben, Erörtern, Verwandeln. Dies Sprechen aus dem Glauben ist selber Glauben, bereitet vor den existentiellen Augenblick, erinnert den ewigen Grund, und zwar in der Sprache der mythischen Bilder – und in philosophischen Sprachen spekulativer Begriffe.

Wir alle leben in Bildern, auch wenn wir in philosophischer Spekulation sie überschreiten. Man kann sie den unumgänglichen Mythus nennen, mag er armselig oder tief sein, mag er zum Wahn werden, der die Langeweile übertäubt, den Drang zum Ungeheuren einen zerstörerischen Augenblick lang befriedigt, oder mag er die Gestalt der wunderbarsten Verschwendung in Scheitern und Opfer werden. Der Mythus ist, philosophisch gesprochen, die apriorische Vernunftform transzendierender Vergewisserung. Er ist, psychologisch gesprochen, die Erlebnisweise des Wirklichen. Aber weder apriorische Vernunftform noch psychologische Erlebnisform sind an sich schon Wahrheit. Sie können erfüllt sein mit hysterischem Spiel von Zauberern, Hexenmeistern, Rattenfängern, die es können »so oder so«, die selber glauben und nicht glauben, es erfinden und dann wie dabei sind, und die dann die Faszinierten erblinden machen, ihrem Banne zu folgen, in ästhetischer Erbaulichkeit von Snobisten oder in politischer Realität von Nihilisten. Sie zerstören in jedem Fall, dort die Intimität und

Selbsterhellung der Seele, das mögliche Selbstsein, hier das Dasein im Ganzen.

Der Ernst des Gehaltes liegt also nicht schon in der apriorischen Form und der psychologischen Verfassung. Vielmehr vermag nur der Ernst den Ernst zu erwecken. Welche Sprache er spricht, das ist das Wagnis dessen, der berufen ist. Er steht unter seinem Gewissen des Sichidentifizierens mit dem Gesagten nicht für den Augenblick, sondern für immer.

Keine dieser beiden Weisen des Sprechens, weder die zauberisch-nihilistische noch die echte, finden wir bei Bultmann. Er spricht wissenschaftlich. Er will redlich das Richtige. Da er jedoch als das »wissenschaftliche Bewußtsein überhaupt« Theologie redet, befangen in falschen Vorstellungen von moderner Wissenschaft und von wissenschaftlicher Philosophie, fehlt bei ihm das, was Aneignung fühlbar macht. Ein theologisches wie ein philosophisches Sprechen muß sinnfremd dahinfallen, wenn es sich entzieht in die Wissenschaft, das heißt, wenn nicht das Pneuma darin weht. Die Theologie gründet daher ihr Verstehen auf den Heiligen Geist. Ob er irgendwo weht oder nicht, wer könnte das allgemeingültig entscheiden! Aber der Hörende darf es aussprechen, wo er sich von ihm, und mag er noch so schwach sein, getroffen weiß, wo nicht. Und er kann umschreiben, wie ihm das Ausbleiben erscheint. Wo Aneignung geschehen ist, da ist der Ton hörbar aus der Glaubwürdigkeit des Umgreifenden, woraus gesprochen wird. Dann ist aufgehoben die Unglaubwürdigkeit der unumgänglichen Objektivierung, bei der nur sachliche Geltung in Anspruch genommen wird. Bei Bultmann ist in der Weise des Sprechens überall die Verantwortung des wissenschaftlichen Forschers fühlbar, die ausreicht bei den historischen Erkenntnissen, aber unzureichend ist, wo es sich um Theologie handelt. Wo der Ernst der Sprache aus dem Glauben stattfindet, da wird aus dem Umgreifenden gesprochen, das in der Objektivität des Gesagten und der Subjektivität des Sprechenden beides in eins zusammenhält. Dieser eigentliche, entweder theologische oder philosophische Ernst, der wissenschaftlich nicht möglich ist, ist verloren, wo im Umgreifenden die subjektive Seite dahinfällt zugunsten einer bloßen Objektivität des Glaubensinhalts oder zugunsten der Objektivität einer im »existentialen« Denken objektivierten Subjektivität, – und ebenso ist dieser Ernst verloren, wo die objektive Seite dahinfällt zugunsten einer willkürlichen und schwärmerischen Subjektivität. Bultmanns Glaubensverstehen scheint sich selbst als Exegese zu verstehen. Der weite Raum der Möglichkeiten und Spannungen und Entscheidungen des Verstehens ist wie verschwunden.

III. Ich fasse das Gesagte zusammen. Die transzendentalen Erörterungen, die ihre Ausläufer in der Methodologie des Verstehens und der Exegese haben, haben einen zweideutigen Charakter. Einerseits öffnen und trennen sie die Räume unseres Wissens, unseres Wirklichkeitsbewußtseins, unseres Selbstverständnisses. Sie sind Kritik, d. h. sie verwehren falsche Vermengungen. Sie sichern durch Rechtfertigung aus dem Ursprung die Möglichkeit dessen, was etwa fälschlich für nichtig erklärt wird. Sie wollen kritisch neutral sein, nichts vorwegnehmen bezüglich der Gehalte. Sie erklären das Medium, in dem alles, was Sprache gewinnen kann, sich im geistigen Kampfe begegnen mag. Sie halten den Raum frei für mögliche Gegenwärtigkeit von Wirklichem.

Andererseits aber sind solche Erörterungen durchweg der Vorhang, hinter dem sich anderes abspielt, das, worauf es eigentlich ankommt: in unserem Felde die Antwort auf die Frage nach der Aneignung und Verwandlung biblischen Glaubens im gegenwärtig wirksamen Glauben. Wenn wir hinter den Vorhang treten, stellen sich die Fragen sogleich anders. Was bisher beiläufig berührt wurde, wird jetzt Thema.

Die echte Verwandlung in der glaubenden Lebenswirklichkeit wird nicht erdacht, nicht geplant und nicht gemacht. Nur aus ihr, sofern sie schon geschieht, kann gesprochen werden. Die Kritik einer Theologie (ebenso der Philosophie, von der hier nicht die Rede ist) wird dann die wissenschaftlich unmögliche, aber sachlich entscheidende Frage stellen, ob und was sie für diese glaubende Lebenswirklichkeit bedeuten möge.

Es kann sein, daß Theologen sprechen im Ausweichen ihrer Ungläubigkeit vor dem existentiellen Anspruch durch Reden über ihn, durch Kenntnisse eines gedachten Glaubens und durch Operationen zur Sicherung der Kirche aus der Tendenz zur Selbsterhaltung jeder von Menschen hervorgebrachten Institution. Oder das theologische Sprechen kann etwas ganz anderes sein: die kunstvolle Ausarbeitung einer weitgehend unglaubwürdig gewordenen und doch noch begehrten Religion zu einer Gestalt »für die Gebildeten unter ihren Verächtern«, Schleier machend vor dem Ernst aus dem guten Willen einer Gesellschaft und dem noch fortbestehenden, aus der Herkunft anvertrauten und nicht ganz preisgegebenen Glauben.

Wo stehen Bultmanns Gedanken? Wiederum müssen wir zunächst den Horizont erblicken, innerhalb dessen eine Antwort möglich ist. Wir tun es auf dreifache Weise. Der Ort, an dem entschieden wird, ist die Praxis des Seelsorgers in seiner Gemeinde. Der sachliche Kampf geht zwischen Liberalität und Orthodoxie. Die drohende oder beschwingende Frage ist die nach dem Einswerden von Theologie und Philosophie.

1. Die Aneignung des biblischen Glaubens wird nicht durch Forschung vollzogen, sondern durch Glaubenspraxis. Die Glaubenssprache wird nicht angeeignet durch Übersetzung aus dem Mythologischen in ein vermeintlich Unmythologisches, sondern durch unwillkürliche Verwandlung in gegenwärtig bezwingenden Sinn innerhalb des Mythischen selber.

Diese Aufgabe sieht bei Bultmann so aus, als ob sie durch Kritik und Ausscheidung wissenschaftlich unhaltbarer Falschheiten gelöst würde, als ob das Negative einer vermeintlichen Säuberung schon zur Wiedergeburt führe, als ob mythische Sprache als solche abzuwerfen sei. Weil Bultmann den Gehalt mythischer Sprache als unübersetzbare Wahrheit verkennt, wirkt sein Denken nicht beschwingend, vielmehr so arm, mir scheint fast erstickend. Das in der Verwandlung Gleichbleibende der mythischen Wahrheit ist nicht losgelöst von geschichtlichen Kleidern, ohne diese geradezu zu haben. Niemand kann durch Exegese, noch weniger durch »existentiale« Interpretation »wissen«, was für den Glauben in der Bibel steht.

Die Aufgabe ist überhaupt nur in der Nachfolge Sache einer gelehrten Theologie, ursprünglich vielmehr Sache der Theologie des Seelsorgers, der täglich in der Praxis steht, der der konkreten menschlichen Situation Genüge tun und sich bewähren muß. Sie ist ebensowenig Sache der Philosophie, mag die Philosophie auch die Zugänge zur Tanszendenz im formalen Transzendieren, in den existentiellen Bezügen zur Transzendenz, im Lesen der Chiffreschrift erhellen.

Die Aufgabe des praktischen Seelsorgers (der heute auch außerhalb der Kirchen in den Feldern der Psychotherapie, Anthroposophie, Christian Science u. a. höchst fragwürdig auftritt) ist außerordentlich. Der Seelsorger wagt die Sprache der Transzendenz als Sprache Gottes zu hören und zu sprechen in der gemeinschaftlichen Lebenswirklichkeit selber, angesichts der Ereignisse und Schicksale, der Hoffnungen und Verzweiflungen. Die Sprache wird mit Recht gewagt von dem, der selbst von ihr durchdrungen ist. Sie ist wahr im Dabeisein, unglaubwürdig als bloß gedacht oder gar als bloß gesagt. Wo sie wahr ist und daher wirkt am Sterbebett, bei der Hochzeit, bei der Bestattung, in der Not des Daseins, erfüllt sie ihren Sinn. Dann ist sie das, woran wir endliche Wesen uns vorantasten, was uns eine Vergewisserung finden läßt. Der so sich bewährende Seelsorger vermag, was kein Philosophieren begreifen kann, den Kultus in Gemeinschaft und die Sakramente zu vollziehen, die heiligen Feste heilig zu feiern.

Der die heiligen Handlungen vollziehende Priester, der die Offenbarung verkündende Pfarrer, der die Geheimnisse der Gottheit wissende Theologe, sie sind in eins ein Urphänomen der Menschheit, das sich unter mannigfachen Namen verbergen kann, aber immer wieder da ist. Vergegenwärtigt man den ungeheuren Anspruch, der im Ergreifen dieses Berufes liegt, so steht man voll Bewunderung und Sorge vor diesem Wagnis, das durch das eigene Leben und seinen Ernst das Heil nicht für sich allein, sondern für alle sucht, das nicht aufhört im Sicherbarmen und Helfen, das glaubwürdig wird durch die Erscheinung des Seelsorgers, der, wenn er auch unablässig noch ringt, und wenn er auch nicht geradezu um das Heil weiß, doch schon in der Wahrheit steht. Durch ihn wird die mythische Sprache wirkungskräftig. Er nimmt die mythische Welt auf, läßt sie gegenwärtig werden, nicht durch

Theorien der Philosophen und Theologen, sondern durch die Ursprünglichkeit der Aneignung aus der Betroffenheit im eigenen Glauben.

Was das bedeutet, wird vielleicht klarer durch Aufzeigen dessen, was für die einzelnen den Pfarrerberuf unmöglich machen kann. Er ist unmöglich für den, der enttäuscht oder enttäuschbar ist durch die Eigenschaften der Mehrheit der Gemeinde, zu der doch alle gehören, durch die Verständnislosigkeit, die Unredlichkeit. Er ist unmöglich für den, dem sich der Glaube in absolute Innerlichkeit verwandelt, der alle Realität in der Zeit, die Leibhaftigkeit des Heiligen verliert, weil das ihm ein bloß Äußerliches und daher zu Verwerfendes wird. Der Beruf ist unmöglich bei einer radikal negierenden Ansicht vom Totalunheil. Die Welt ist am Ende, ist verloren, es bleibt nur kontemplative Verzweiflung. Menschen wie Sebastian Franck oder Kierkegaard, für die alle diese Unmöglichkeiten bestanden, versuchten vergeblich, Pfarrer zu sein oder zu werden.

Vielleicht ist eine gewisse Analogie zwischen den Berufen des Pfarrers und des Arztes. In beiden hat der praktische Beruf den Vorrang vor dem Wissen, das nur ein Hilfsmittel ist. Die Zukunft des Arztseins entscheidet sich nicht an den medizinischen Forschungsstätten, die Zukunft des biblischen Glaubens nicht in der akademischen Theologie.

Nicht die Raffinements der Gedankenbauten vermögen zu verwirklichen. Kierkegaards Konstruktion des christlichen Glaubens als Glaube an das Absurde ist von einer bewunderungswürdigen Konsequenz und einem verführenden Reichtum. Wäre sie wahr, so würde damit, wie mir scheint, die biblische Religion am Ende sein. Ohne die harmlosere Leistung Bultmanns damit vergleichen zu wollen, darf vielleicht doch die Analogie bemerkt werden in der radikalen Säuberung zugunsten eines Heilsgeschehens, einer anderen Absurdität, die aber die Klarheit und die Konsequenzen Kierkegaards vermeidet. Beide leisten etwas für die rationalistisch verbildete Welt, um – ohne das zu wollen – dem Glaubenslosen durch einen rationalen Gewaltakt so etwas wie das gute Gewissen eines Nochglaubenwollens und -könnens zu geben.

Heute wird der Ort, an dem sich Arztsein und biblische Religion entscheiden, wenig beachtet, dagegen der Lärm an den Orten medizinischer Forschung und theologischer Konstruktion in breiter Öffentlichkeit gehört. Das ist vermutlich eine akustische Täuschung über das wirkliche Geschehen.

Die Analogie des Verhältnisses des modernen Menschen zum Pfarrer und zum Arzt ist illustrierbar anläßlich eines Satzes von Bultmann: »Man kann nicht ... in Krankheitsfällen moderne medizinische und klinische Mittel in Anspruch nehmen und gleichzeitig an die Geister- und Wunderwelt des Neuen Testamentes glauben.« Nun, das kann man sehr wohl. Aber schlimmer als das: der Aberglaube in medizinischen Dingen ist heute nicht selten ebenso absurd wie in jener materialisierten Geister- und Wunderwelt. Und bei den durch die psychoanalytische Glaubensanschauung oder ähnliche moderne Bewegungen infizierten Ärzten nähern sich sogar wieder die Inhalte der Dämonologie, nur in etwas anderer Ausdrucksweise.

Bultmanns kritische Energie scheint sich gegen nicht gefährliche Bedrohungen zu wenden. Aber gegen die heute gewaltigen wirklichen Gefahren, gegen die der Angst erwachsenen, in ratlosem Irregehen ergriffenen trügerischen Hoffnungen und Erwartungen, gegen die Ausflüchte, die analog in Medizin, Politik, Theologie und überall ruinös sind, bringt Bultmann keine Hilfe. Er beteiligt sich nicht am Kampf gegen sie. Er bleibt in der theoretischen Erörterung, die Aufklaricht mit Orthodoxie verbindet, zwar in anderer Weise, aber grundsätzlich ebenso wie die rationalistische Theologie, die einst von Lessing durchschaut und verworfen wurde zugunsten entweder echter Orthodoxie oder echter Liberalität. Das nun ist deutlicher zu machen.

2. Hinter dem Vorhang der Entmythologisierung ist das eigentlich Wesentliche verborgen: Der Kampf der Orthodoxie gegen die Liberalität. Wo steht Bultmann in diesem Kampfe? Vor unserer Antwort brauchen wir eine Verständigung über den Sinn von Liberalität und Orthodoxie.

a) Liberalität lebt nicht aus bodenlosem Verstande, nicht

aus geschichtsloser Kritik. Wer liberal denkt, weiß dies: Philosophische Sicherungen und theologische Konstruktionen der Glaubenserkenntnis sind vergeblich, wenn fehlt, worauf alles ankommt: der Glaube, der nicht zuerst als gesagter Inhalt, nicht als Bekenntnis, sondern als Lebenswirklichkeit in der Sichtbarkeit eines Menschen durch Gemeinschaft im Glauben mit anderen Sprache findet, und zwar am Leitfaden und in den Gehäusen der Überlieferung als des geschichtlich gemeinsamen Grundes einer ehrfürchtig ergriffenen, aber auch wandelbaren Autorität.

Dasselbe anders gesagt: Die Liberalität läßt den Glauben leben in der Objektivität zugleich mit der Subjektivität, in der Untrennbarkeit beider. Sie ist gekennzeichnet durch die Weise, wie ihr die Objektivität gilt. Sie überwindet Leibhaftigkeit und Wissen, ohne sie preiszugeben, in der Sprache schwebenden Charakters. Sie läßt den Glauben Kraft gewinnen, nicht durch Bekenntnis in Aussagen, sondern durch die Praxis des Lebens. Sie gibt jeden Aberglauben, d. h. die Verabsolutierung des Objekts, preis und bewahrt im Wissen das Nichtwissen, hört im Nichtwissen die Sprache der Symbole des Transzendenten, in den Glaubensleibhaftigkeiten die Wirklichkeit, die nicht diese Leibhaftigkeit ist, sondern durch sie spricht, ohne Sicherheiten in der Welt zu geben.

Dieser Glaube im Raum der Liberalität lebt kraft seiner selbst, unmittelbar von der Transzendenz, ohne Garantie eines von außen Wahrnehmbaren oder Überlieferten, aber von diesem erweckt und erfüllt als das, was alles so Überlieferte wiederum zu prüfen vermag; dieser Glaube ist nicht durch Stützen gehalten, auch nicht durch die Stütze eines objektiven Heilsgeschehens als absoluten, die Bedingung des Glaubens selbst erst verleihenden Ereignisses.

Die Schwere der Liberalität liegt in der Verantwortung des auf sich selbst zurückgeworfenen Menschen, der nur durch die Freiheit und auf keinem anderen Wege erfährt, wie er sich in ihr, aber nicht durch sie von der Transzendenz geschenkt wird.

b) Es war schon die Rede von den Grenzen des Verstehens. Wir schlagen überall an das Unverständliche, an diesen

Stein, der da ist, an diese stumme Natur, die nicht antwortet, wenn sie als Material sich bezwingen läßt, als Widerstand unüberwindlich, als Übermacht vernichtend ist, dann an diesen Menschen, diesen unbeweglichen, der redet, aber nicht antwortet, dann jeder an sich selbst, an das in mir Unbegreifliche, das gegen allen meinen Willen immer wieder da ist und sich gibt, als sei es das, was ich bin.

Unser Verstehen ist die Bewegung im Raum zwischen dem Unverständlichen auf allen Seiten, eine Bewegung, die einerseits das schlechthin Unverständliche als das durch Gesetze in seinem dunklen Geschehen immer klarer von außen erkennt, die andrerseits das Unverständliche als ein ins Unendliche Erhellbares, nicht grundsätzlich und absolut Unverständliches, vielmehr zum Verstandenwerden Drängendes erfährt.

Orthodoxie und Liberalität lassen sich kennzeichnen durch ihr Verhalten zu dieser Bewegung. Wo sie aufhört im Wissen, ist Orthodoxie, wo sie weitergeht, ist Liberalität. Jedes Fertigsein, jedes vollendete Bescheidwissen ist Illiberalität. Jeder entdeckt diese am anderen dort, wo dieser keine Antwort mehr gibt, nicht hört, unzureichend antwortet, entdeckt sie in sich selber als ständige Verführung, und dies zu wissen und in sich selber kritisch danach zu fragen, den Gegner als Hilfe bei dieser Selbstprüfung zu erkennen und ihn daher zu suchen, ist ein Grundzug der Liberalität selber.

c) Die Liberalität ist im Bunde mit der Aufklärung, aber mit der echten Aufklärung als der unaufhaltsamen verantwortlichen Bewegung der Vernunft, ohne je vollendet zu sein, nicht mit der falschen Aufklärung als vermeintlicher Vollendung des Bescheidwissens mit rationalen Mitteln.

Die schlechte Aufklärung gibt es geschichtlich zu allen Zeiten. Sie ist in der Tat der Unglaube, der seinen festen Boden in Rationalitäten abergläubisch zu haben meint. Er wird verführt durch zwingende Erkenntnisse, die mit verkehrt aufgefaßten oder selber verkehrt gewordenen Aussagen eines religiösen Glaubens in Widerspruch stehen. Er hat seine Macht, soweit er solche Erkenntnisse vertritt.

Daher wird es eine immer wiederholte Theologenaufgabe, den Glauben gegen die Aufklärung zu retten durch Annahme dieser unausweichlichen Erkenntnisse, die von der Aufklärung her ihn vernichten wollen. Der Gegner soll überwunden werden, indem man sich seine Waffen aneignet. Bei Bultmann vollzieht sich dieser Kampf gegen die Vernichtung des Glaubens durch Aufklärung wiederum mit dem alten Mittel, die Aufklärung maximal zu akzeptieren, um dann den Glauben nur um so entschiedener zu behaupten. Dies aber geschieht, wie mir scheint, in einem Akzeptieren von Aufgeklärtheit, die eine falsche ist, und einer wissenschaftlichen Philosophie, die keine Wissenschaft ist, – um dann in einem plötzlichen Sprung, auf halbem Wege unterbrechend, zu dem absurdesten Glaubensinhalt zu gelangen, der rücksichtslos mit einer gewaltsam anmutenden Entschiedenheit festgehalten wird. Daher kehrt auch der Mangel aller dieser Unternehmen wieder, dem ungläubigen Gegner doch nicht genug zu tun, dem Gläubigen aber die Sache selbst zweifelhaft werden zu lassen. Der Liberalität des Glaubens vollends gibt er den Anblick eines täuschenden Auswegs, mit dem als dem Anspruch der Denkmethode »existentialer« Interpretation die Orthodoxie stabilisiert wird.

Die Liberalität steht ganz anders im Bunde mit der echten Aufklärung, der unvollendbaren Bewegung der Vernunft. Sie befreit sich ebenso vom Wissenschaftsaberglauben wie von einer vermeintlich wissenschaftlichen Philosophie und deren Ergebnissen, wie von der Orthodoxie. Sie will nicht retten. Vorbild und eine ihrer großen Erscheinungen ist Lessing. Lessing wandte sich sowohl gegen die Orthodoxie gewaltsamer Art wie gegen die aufgeklärte rationalistische Theologie, die durch Umdeutung retten wollte, wie gegen die verneinende und vernichtende Auffassung des in seiner Aufklärung so selbstgewissen Reimarus. Lessing, auf einem Hügel beiseite des Weges über alle hinausblickend, ohne sich einzubilden, das Ganze des Wahren zu sehen, blieb mit seinem unendlichen, kritischen Drang offen für die ihn ansprechenden Gehalte der Bibel. Lessing verwarf das Halbe, das Verschleiernde, das Sichselbertäuschende. Daher hatte er Neigung, ohne selber mitzutun, zu der klaren, wahrhaftigen, offenen Orthodoxie in ihrer frommen Gestalt (nicht etwa zu der unfrommen und unredlichen Intoleranz des Pastors Götze). Er hörte auf die Gründe der Aufgeklärtheit des Reimarus als zur Wahrheit wichtigen Untersuchungen, aber er erkannte dessen Grenzen und Grenzüberschreitungen. Die geringste Neigung aber hatte er zu dem Rationalismus der Theologen, die, in ihrer Halbheit inkonsequent, retten wollten, aber bei guter Absicht wider Willen unwahrhaftig wurden. Bei Bultmann sehe ich keinen Lessingschen, keinen Kantischen, keinen Goetheschen, keinen liberalen Geist, sondern deren Gegner. Er mutet gelegentlich an wie eine neue Gestalt jenes Rationalismus, dann wie ein Neubegründer der Orthodoxie.

d) Aufklärung, Liberalität, konservativ sind zweideutige Worte. Sie verwirren, wenn man nicht unterscheidet: Aufklärung als unendliche Bewegung im Sichherausarbeiten aus der selbstverschuldeten Unmündigkeit (Kant) und Aufklärung als Zustand des Bescheidwissens (Aufkläricht) – Liberalität als grenzenlose Offenheit für Vernunft und Kommunikation zum Gedeihenlassen aller echten Gehalte, auch derer, die nie in einem Menschen sich verbinden können, und Liberalismus als intolerante Verabsolutierung eines vermeintlich endgültigen Verstandeswissens von der Freiheit und Gleichheit aller Menschen, die in der Tat den beliebigen Triebhaftigkeiten Raum gibt – konservative Gesinnung als Ehrfurcht der Erinnerung und des Bewahrens, des Verwehrens leichtsinnigen Abwerfens und Zerstörens, und Konservatismus als lebensfeindliche Fixierung unbeweglich gehaltener Institutionen, Gedankenformen, Redeinhalte.

Daher fallen in eins zusammen: die Aufklärung, die Liberalität, das Konservative – und dieses eine Ganze wendet sich gegen die dazu untereinander sich bekämpfenden, aber in der Gesinnung verwandten Mächte des Rationalismus, des Liberalismus und des Reaktionären.

e) Das schlechthin Trennende zwischen Liberalität und Orthodoxie ist die Stellung zum Offenbarungsgedanken. Daß Gott sich lokalisiert an Ort und Zeit, einmalig oder in einer Folge von Akten, sich hier und nur hier direkt offenbart habe, ist ein Glaube, der in der Welt Gott zu einem Objektiven befestigt. Dieses soll nicht nur Gegenstand der Ehrfurcht aus geschichtlicher Bindung sein, sondern die Absolutheit des Göttlichen selber haben. In kanonischen Schriften, in Bekenntnis und Dogmatik, im Sakrament der Priesterweihe, in der Kirche als *corpus mysticum* Christi und anderen Gestalten ist die Offenbarung und die Weitergabe ihrer Gnade leibhaftig da.

Diese Offenbarung wird in der Liberalität nicht geglaubt. Wohl ist ihr gegenwärtig das Geheimnis des Offenbarwerdens des Wahren in Sprüngen der Geschichte des Geistes, die Unbegreiflichkeit, wie Menschen dazu kamen, ist gegenwärtig als der tiefe Grund des noch Unverstandenen in allem Offenbargewordenen. Aber die Gewohnheit, das gleiche Wort Offenbarung für jenes unverrückbare absolute Handeln Gottes und für dieses Offenbarwerden von Wahrheit zu gebrauchen, darf nicht über den radikalen Unterschied beider hinwegtäuschen.

Orthodoxie wirft diesem liberalen Glauben vor, er mache den Menschen zum Herrn, der denkend darüber verfüge, was Gott könne und dürfe und was Gott zu sagen vermöge. In der Liberalität, die ihr mit Unglauben identisch ist, sage der Mensch alles selber, aber er müsse sich etwas sagen lassen von Gott. Der Mensch könne nach dem Bibelwort nur erkennen, sofern er erkannt werde. Daher sei die letzte große Alternative: ob der Mensch mit seiner Vernunft Herr und Richter über alles sei, was ist, was sein kann und was sein soll, oder ob er darüber Gott zu hören habe (Fries, Tübinger Theologische Quartalsschrift 1952, S. 287). Orthodoxie verlangt das Bekenntnis des Glaubens an die Offenbarung – etwa an die »Verkündigung vom Gekreuzigten und Auferstandenen« – und behauptet, daß es dieser Verkündigung gegenüber »um die Entscheidung zwischen Glaube und Unglaube, und in dieser Entscheidung um das ewige Leben und den ewigen. Tod geht« (Denkschrift der Tübinger Fakultät, S. 34). Dazu ist aus der Liberalität zu sagen:

Erstens: Woran ist Offenbarung erkennbar? Welches Kriterium der Wahrheit wird für die direkte Offenbarung Gottes angegeben? Entscheidend dies, daß die Offenbarung selber diesen Anspruch erhebt. Aber, so ist die Antwort, was immer als Offenbarung gesagt und getan ist, es ist gesagt und getan in weltlicher Gestalt, weltlicher Sprache, menschlichem Tun und menschlichem Auffassen.

Der Offenbarungsglaube sagt dagegen: Wenn in der Offenbarung selbst der Anspruch erhoben wird, so kann dieser nur Gottes Anspruch sein. Sie unterscheidet sich selbst von allem Mythischen durch die Ausschließlichkeit, Einmaligkeit und Absolutheit ihrer Glaubensforderung. Jedoch hebt diese Behauptung nicht auf, daß sie doch alle Merkmale des Mythischen trägt. Die Liberalität erklärt nicht für unmöglich irgend etwas, was Gott als absolute Transzendenz bewirken könnte, aber sie vermag selber nichts anderes wahrzunehmen als von Menschen vollzogenes Tun, Sprechen, Erfahren.

Zweitens: Entscheidend ist die Verborgenheit Gottes. Was immer in der Welt als Gottes Tat und Wort sich absolut setzt für alle, ist Menschentat und Menschenwort, die die Forderung erheben, als Gottes Wort und Gottes Tat geglaubt und anerkannt zu werden. Wer dagegen die Verborgenheit Gottes unangetastet läßt, vermag seinerseits in rationaler Form die Verborgenheit mythisch zu deuten, wie Kant es tat. Kant meint, in der Bewahrung der Verborgenheit die ewige Weisheit zu erkennen. Denn wenn Gott irgendwo in seiner Majestät selber vor Augen stände, in Wirklichkeit oder Wort, so würden wir Marionetten, die nur am Gängelbande gehen. Gott aber hat gewollt, daß wir durch Freiheit den Weg zu ihm finden. Dieser Weg führt zu ihm dadurch, daß unsere selbstverantwortliche Vernunft in der Welt seine zweideutigen Winke vernimmt, um durch die Wirklichkeit unseres sittlichen Lebens zu ihm zu gelangen.

Die Liberalität will für sich die Bewegung in der Zeit nicht aufheben lassen durch die fixierte Endgültigkeit eines Offenbarungsinhalts. Sie will sich offenhalten für das Hören der Sprache der Gottheit in aller Wirklichkeit. Sie hört aus der Verborgenheit Gottes den Anspruch an uns, der in der Verborgenheit als solcher liegt. Sie verwehrt daher den absoluten Gehorsam gegenüber dem Wort einer heiligen Schrift, der Autorität kirchlichen Amtes, weil sie die höhere Instanz unmittelbaren Bezuges zur Gottheit in der eigenen verantwortlichen Freiheit der Vernunft in jedem Menschen für möglich hält. Vor dieser Instanz kann das in Ehrfurcht vor der Überlieferung Hingenommene doch jederzeit von neuem geprüft und verwandelt werden.

Wenn Mythus gegen Mythus spricht, so darf man sagen: die Liberalität widersteht der Behauptung der direkten Offenbarung nicht aus einem Willen zu leerer Freiheit, sondern aus dem Gottesgedanken selber, der in ihr Wirklichkeit ist durch den Bezug auf die verborgene, alles führende Transzendenz.

Drittens: Der Vorwurf des Offenbarungsglaubens gegen die Liberalität, in dieser werde das objektive Handeln Gottes nicht anerkannt, vielmehr mache das Subjekt des Menschen sich zur letzten Instanz, ist irreführend.

Dieses Ausspielen der Objektivität gegen das Subjekt, ebenso wie das entgegengesetzte Ausspielen der Subjektivität gegen die Objektivität, beruht auf dem Verkennen der Grundstruktur all unseres Daseins, Bewußtseins, Existierens in Subjekt-Objekt-Spaltung derart, daß kein Objekt ohne Subjekt, kein Subjekt ohne Objekt ist, vielmehr das Umgreifende, in dem wir und das wir sind, sich in der Spaltung durch das Zueinander beider Seiten, nicht durch eine Seite allein, hell wird. Das Dasein ist in seiner Umwelt, das Bewußtsein überhaupt auf Gegenstände gerichtet, Existenz mit der Transzendenz.

Die Transzendenz, Gott, das Umgreifende alles Umgreifenden, werden für uns niemals hell, so wie sie ohne unsere Subjektivität sind. Die Wirklichkeit der Transzendenz als Objekt ist nur in der Sprache der Chiffren, nicht aber wie sie an sich selbst ist, für uns da. Die Wirklichkeit der Transzendenz ist nur für Existenz. Beide kommen im Dasein und Bewußtsein, aber nur als Sprache, zur Erscheinung. Aspekt Gottes, Handeln Gottes, Gottes Wort, alles das sind Chiffren, durch die die Wirklichkeit für ein Subjekt, das mögliche Existenz ist, in der Erscheinung gedacht, gehört, befragt wird.

Keineswegs verfügt der Mensch als Philosoph über das, was Gott möglich und nicht möglich ist. Aber er wird sich bewußt der Bedingung der Gegenständlichkeiten in der Struktur dessen, wie alles Sein uns gegeben wird.

Für das Hellwerden des Umgreifenden in der Subjekt-Objekt-Spaltung gilt: Ich verfüge nicht im Denken, sondern ergreife als Ergriffener, denke, was sich mir im Denken als das Andere zeigt, von mir gemeint als das von mir Unabhängige, auch ohne mich Seiende. Und ich werde mir bewußt der subjektiven Bedingungen für das Gegenwärtigwerden des Sinns der jeweiligen Objektivität. Nur als vitalem Dasein zeigt sich mir die Realität, mir als Bewußtsein überhaupt das gültig Erkennbare, mir als möglicher Existenz die Transzendenz. Die Entfaltung der Subjektivität bedeutet das Ansichtigwerden der zugehörenden Objektivität. Das eine bringt das andere nicht hervor, ist aber Bedingung der Erscheinung des Objekts für das Subjekt, der Verwirklichung des Subjekts durch das Objekt.

Nun scheint für die philosophische Selbstvergewisserung der Liberalität die Behauptung der Offenbarung Gottes als eines in der Welt vorkommenden Ereignisses auf einer Verwechslung zu beruhen. Das Verhältnis von Subjekt und Objekt in dem Bezug von Existenz auf Transzendenz wird fälschlich behauptet in der Form des Verhältnisses des Wissens auf das Gewußte in der Welt. Die Transzendenz, die nicht in der Chiffrensprache zweideutig spricht, sondern in der Offenbarung eindeutig da ist, ist doch nur die Bibel, die Kirche, ist die Behauptung von Menschen, die als Zeugen Gottes, Stimme Gottes, Tat Gottes für ihre Aussagen Gehorsam von allen verlangen und diesen Gehorsam Glauben nennen. Für die immer menschlich-geschichtlich begründete Autorität wird die direkte und ausschließliche Autorität Gottes in Anspruch genommen.

Nun wird gefragt: Ist erst die Offenbarung als objektive Realität da und folgt dann der Glaube an sie in der Wahrnehmung ihrer Wirklichkeit? Oder ist der Glaube an Offenbarung in eins und untrennbar von der Offenbarung selbst, die den Glauben bewirkt? Ist dann hier wie in all unserer Gegenwärtigkeit das Subjekt an das Objekt und das Objekt an das Subjekt gebunden? Ist dann Offenbarung das, was immer geschieht, wenn geglaubt wird, wenn der Glaube an Gott gegeben wird? Ist daher solche Offenbarung in der geschichtlichen Vielfachheit überall dort, wo sie behauptet wird, im Abendland in ihren verschiedenen Gestalten (Judentum, die christlichen Konfessionen, der Islam) und in Asien?

Oder ist gerade die Verallgemeinerung der Offenbarung zu einer geschichtlichen Möglichkeit, von der die Offenbarung in Jesus Christus oder Moses nur Fälle sind, gegen den Sinn der Offenbarung? Sind die anderen Fälle, die Offenbarung der ewigen Veden für die Rishis, oder der kanonischen Bücher der Chinesen, nicht Offenbarung? Kann der Anspruch einer Offenbarung, die einzige zu sein, berechtigt oder muß er unberechtigt sein?

Oder ist Offenbarung gar so weit zu fassen, daß jeder Mensch in seiner Freiheit die Möglichkeit hat, sich von der Transzendenz geschenkt und geführt zu erfahren, auch in der Zweideutigkeit aller Zeichen in der Welt?

Solche Fragen gewinnen ihre Antwort durch den Hinweis auf die Zusammengehörigkeit von Subjekt und Objekt in dem durch diese Spaltung hell werdenden Umgreifenden. Daher nehmen die Antworten logisch die Form eines Zirkels an, entweder: Offenbarung durch Offenbartwerden im Subjekt, in dem das Ansichsein der Offenbarung als eines objektiven Bestandes erfaßt wird – oder: Vernunft in der Bewegung der Vernunft, der sich zeigt, was für Vernunft sich vernünftig bewährt. Es ist der Zirkel von Subjekt und Objekt, die – aber in mehrfachen Gestalten – sich gegenseitig bedingen, begründen, tragen. Zirkel ist die unumgängliche Grundform unserer Selbstvergewisserung im ganzen. Der Aufweis des Zirkels bedeutet nicht schon die kritische Vernichtung des Gedankens. Vielmehr steht Zirkel gegen Zirkel nicht durch logische Argumentation, sondern durch Vergewisserung der Tiefe oder Plattheit, der Angemessenheit oder Unangemessenheit des je besonderen Zirkels, der Folgen des Denkens und Lebens in einem bestimmten Zirkel. Aus diesen Zirkeln kommen wir nicht heraus, mögen wir auch jeden einzelnen Zirkel überwinden. Er ist rein logisch in den einzelnen Fällen immer derselbe, nicht besser oder schlechter, ist zum Beispiel auch im materialistischen Zirkel: Die Welt ist ein Produkt unseres Gehirns, das Gehirn ist Produkt der Welt, die durch das Gehirn sich selber in dieser

Erscheinung wahrnimmt. Der Zirkel der Vernunft und der Zirkel des Offenbarungsglaubens, Liberalität und Orthodoxie, beide sind Zirkel, beide liegen im Kampfe miteinander, nicht weil einer dem andern den Zirkel vorwerfen dürfte, sondern aus dem Gehalt und den Folgen des jeweiligen Zirkels heraus.

Viertens: Die Liberalität vermag im geschichtlichen Grunde ihrer jeweiligen Herkunft zu leben, wie wir Abendländer im biblischen Grunde, aber sie gibt preis die Ausschließlichkeit eines in Sätzen zu bekennenden Wahren. Sie anerkennt, daß der Weg zu Gott auch ohne Christus möglich ist, daß Asiaten ihn auch ohne Bibel zu finden vermögen.

Aber sie begreift die Bedeutung der Geschichtlichkeit und die Unumgänglichkeit der geschichtlichen Herkunft und deren Sprache für den Glauben. Für sie kommt alles darauf an, daß die Kraft des Glaubens nicht geschwächt wird, wenn der Geschichtlichkeit die absolute Geltung ihrer Objektivationen für alle Menschen genommen ist, das heißt, wenn die objektive Garantie in der Welt aufhört. Die philosophische Besinnung (als Transzendentalphilosophie Kants und ihrer Folgen bis heute), die dem liberalen Glauben eine Notwendigkeit ist, kann hilfreich sein, zwar nicht dadurch, daß sie als solche schon Glaubensgehalte zu geben vermöchte, aber dadurch, daß sie für diese freimacht. Sie öffnet den Raum und läßt das in den Glaubensgehalten liegende Wahre gegen Unglauben und gegen Orthodoxie vergewissern.

Denn alles Überlieferte gilt als mögliche Sprache und wird wahre Sprache nicht in einer Allgemeinheit, sondern in geschichtlichen Situationen für Existenz, die in ihr zu sich kommt. Im Medium des Mythischen selber findet das geschichtliche Ringen der Existenzen miteinander statt. Das geschieht hinter den Vordergründen der rationalen und mythischen Vergegenwärtigung durch das Existieren in seiner selbst sich vergewissernden, erhellenden, absetzenden Erörterungen eines unendlich fortschreitenden Verstehens.

Fünftens: Wenn in der Liberalität ein objektives Heilsgeschehen als absolutes Ereignis und Bedingung des Heils für alle Menschen nicht geglaubt wird, so gilt ihr doch dieses Heilsgeschehen nicht anders als die mythischen Gestalten sonst. Es ist auch ein Mythus und als solcher vom Ernst existentieller Wirklichkeit zu prüfen auf die Kraft, die von seiner Sprache ausgeht, und die Wahrheit, die ihm in der Wirklichkeit des Lebens entspringt. Die Liberalität läßt den Offenbarungsglauben und auch den Glauben an dies Heilsgeschehen gelten als mögliche Wahrheit für den, der es glaubt, sofern der Offenbarungsgläubige nicht durch Tat und Wort Konsequenzen zieht, die die Freiheit des unmittelbar vor Gott sich findenden Menschen zerstört und mit Gewalt irgendwelcher Art die anderen zwingen möchte.

Daher hat Buri mit Mut, wenn man an die heute noch allgemein geltende Theologie denkt, die Konsequenz der Bultmannschen Entmythologisierung gezogen. Unbefangen geht er den Weg zu Ende. Auch die Verkündigung des Heilsgeschehens bringt einen Mythus. Aber Buri will nicht entmythologisieren, um zu vernichten. Nachdem er die gesamte Sprache der Religion ohne Einschränkung als mythische Sprache erkannt hat, bejaht er sie als Sprache, um zu versuchen und anzuleiten, sie nun recht zu sprechen, um in ihrem Medium uns dessen zu vergewissern, was wir glauben, was wir tun sollen und was wir hoffen und woraufhin wir zu leben wagen. Nun hat ein ganz anderes Gewissen die Führung als die Bekenntnistreue, nämlich der Ernst des Lebens selber, das Wagen des Ernstes in der Unsicherheit und Ungewißheit und die in der konkreten Situation glaubwürdige Erhellung seiner Transzendenz.

Sechstens: Anspruch der Orthodoxie und Reaktion der Liberalität waren wegen der Bedeutung des Inhalts, der Entscheidung über unser ewiges Heil, von außerordentlicher Leidenschaft, von der noch heute ein leises Nachklingen spürbar ist.

Mit Staunen hören wir jene nun bald zwei Jahrtausende währenden Verdikte der Orthodoxie über unseren ewigen Tod, unsere Selbstvergötterung, unseren Hochmut, unsere Anmaßung, daß wir den Menschen, uns selbst zum Richter über Gott werden lassen. Mit Staunen hören wir die merkwürdige, kritiklose, keine Kritik duldende, den dies nicht Glaubenden zu ewiger Verdammnis verurteilende, dem Glauben die ewige Seligkeit verheißende Forderung.

Leben wir ohne Gott? Ist unser Vertrauen, daß Gott uns zu Hilfe kommt auf eine uns unbegreifliche und unvorausehbare und unberechenbare Weise, sofern wir in gutem Willen uns bemühen, daß er in Schrecken der Vernichtung und des Todes mit uns sein kann, ein Wahn? Bultmann sagt, daß der Gottesgedanke ohne Christus als Wahn zu bezeichnen sei »vom christlichen Glauben aus«.

Dürfen wir nicht denken: Selbst wenn die Orthodoxie recht hätte, würde Gott uns nicht verwerfen, weil wir uns redlichen Willens bemühen, wenn auch ständig versagend und uns täuschend? War Gott nicht mit Hiob gegen die orthodoxen Theologen?

Wer in menschlicher Vernunft lebt, darf sich im Kampfe mit anderen nicht auf Gott berufen, sondern nur auf Gründe in der Welt. Denn Gott ist Gott so gut des Gegners wie mein Gott. Wie aber, wenn Orthodoxie, wenn der Fanatismus der Konfessionen uns abspricht, Gott zu dienen, im Gehorsam gegen Gott leben zu wollen, wenn unser Gottesbewußtsein von ihnen für Wahn erklärt wird? Gegen Intoleranz bleibt nur Intoleranz. Da es sich hier aber heute nicht mehr um Daseinskampf handelt, da die Ketzervernichtungen im Namen der Offenbarung heute nicht mehr geschehen (wir sollen nie vergessen, daß sie in der Natur der Sache liegen), sondern heute im Namen anderer Instanzen als Gott vor sich gehen, so darf man schweigen wegen der Unerheblichkeit der von orthodoxen Theologen noch immer erteilten Verdikte.

f) Nach diesen Erörterungen ist die Antwort auf die Frage, wo Bultmann stehe, zusammenzufassen.

So zuverlässig und vielfältig Bultmann als Historiker uns belehrt, so sehr scheint er als Theologe ein Verführer zu werden, der zu retten scheint und nicht rettet, zu geben scheint und nicht gibt und dann entscheidend eine unbewegliche Orthodoxie des Heilsgeschehens festhält, das er doch zugleich durch die Unglaubwürdigkeit seines glaubenden Gewaltakts auch untergräbt. Seine Weise, die alten Aufklärungsfragen zu wiederholen, ihnen nachzugehen und einen Rest, die Mitte des Glaubens selbst, zu retten, kann den heimlich Ungläubigen unter Theologen vielleicht gefallen, weil sie so vieles nun nicht mehr zu glauben brauchen, und muß den Orthodoxen mißfallen, weil er ihnen so viel von dem nimmt, worauf sie sich gründen.

Wenn er keine neue Gestalt der Glaubenssprache gefunden hat, aber eine neue Methode wahrer Glaubensaneignung mit seiner existentialen Interpretation gewiesen zu haben meint, so scheint mir das nicht nur philosophisch unhaltbar, sondern ist vermutlich auch praktisch für den Pfarrer unergiebig.

Wer aber philosophiert, muß am Ende betroffen sein, wenn er sieht, was der gerettete Rest des Glaubens ist, was unmythisch sein soll, was Bultmann das Wesentliche ist: nämlich die Rechtfertigung allein durch den Glauben, den Glauben an das Heilsgeschehen, dieses für einen Philosophierenden fremdeste, wunderlichste, existentiell kaum noch eine Sprache bedeutende, dies Lutherische mit seinen schrecklichen Konsequenzen. Er selber faßt den Sinn seines Tuns zusammen in dem Satz, der den Anspruch dieses Tuns in seiner Höhenlage charakterisiert und es enthüllt: »Die radikale Entmythologisierung ist die Parallele zur Paulinisch-Lutherischen Lehre von der Rechtfertigung ohne des Gesetzes Werk allein durch den Glauben.« Mir scheint: Die Position Bultmanns ist in der Sache ganz und gar orthodox und illiberal, trotz der Liberalität des Forschers und des Menschen.

Diese Liberalität sieht in Bultmanns Situation etwa so aus:

Dem gar nicht allgemeingültigen Philosophieren mit einer Daseinserhellung der Verzweiflung (wie Heideggers »Sein und Zeit« aufgefaßt werden kann) bietet sich als Ergänzung die Rettung durch den Glauben an das Heilsgeschehen. Der hoffnungslosen Sündhaftigkeit, die durch die Gnade erst eigentlich erkannt wird, bietet sich diese Gnade an durch ein Ereignis, das mich retten soll, wenn ich daran glaube.

Aber keineswegs ist jene Daseinsanalyse verzweifelten Bewußtseins die Wahrheit des Menschseins überhaupt, sondern eine Weise, in der sich einzelne, viele, niemals alle Menschen wiedererkennen. Keineswegs ist die radikale Sündhaftigkeit die Wirklichkeit des Menschen schlechthin, die nur aufgehoben wird durch ein Geschehen, das an einem anderen Ort in Raum und Zeit durch Gott stattgefunden haben soll.

Dagegen steht im biblischen Glauben selber ein ganz anderes

Bewußtsein: das Bewußtsein des von Gott geschaffenen eingeborenen Adels des Menschen, seiner *nobilitas ingenita*, wie es im pelagianischen Denken hieß. Dieser, ständig in Gefahr, ist demütig in dem Bewußtsein, sich nicht selbst geschaffen zu haben, in seinem ihm aufgegebenen Bemühen darauf angewiesen zu sein, sich selbst geschenkt zu werden, um sich nicht auszubleiben. Dieses Bewußtsein weiß sich in Gottes Hand, aber nur in der unmittelbaren Beziehung der eigenen Freiheit zur Gottheit, nicht durch eine Hilfe, die in diesem Ursprung von allem, was ich sein kann, von außen hinzukäme. Dieses Bewußtsein lebt in dem Vertrauen, durch das ganz der eigenen Verantwortung anheimgestellte Bemühen den Willen des verborgenen Gottes zu erfüllen, und in dem Vertrauen auf unbegreifliche, unvoraussehbare, nicht in irgendeine Rechnung aufzunehmende Weise seine Hilfe zu erhalten. Dieses Bewußtsein der gottgeschenkten *nobilitas ingenita* heißt im biblischen Denken »der Christus in mir«. Dieser Adel ist kein Besitz. Ich habe ihn nicht, indem ich ein für allemal so bin. Er ist nur, indem er ständig errungen wird. Er kann verloren werden. Diese Auffassung vom Menschen und seiner Freiheit und seiner Aufgabe ist die der Liberalität.

3. In der Liberalität scheint die natürliche Entwicklung – als Vorwurf ausgesprochen, mit Sorge gesehen, mit Befriedigung angenommen –, daß Theologie und Philosophie sich treffen, vielleicht am Ende wieder eines werden könnten, wie sie es bei Plato, den Stoikern, Origenes, Augustin, Cusanus waren. Sollte das geschehen, so muß man unterscheiden: Theologie und Philosophie mögen eins werden können, nicht aber Religion und Philosophie. In der Religion fließt die von der Philosophie nicht erreichbare und nicht begründbare Wirklichkeitsquelle durch die Gemeinschaft in bezug auf heilige Orte, Handlungen, Gegenstände, Bücher, durch Kultus und Gebet, durch das Amt des Priesters, kurz durch die Leibhaftigkeit der Chiffren. Hier hört die Philosophie auf und blickt auf ein Anderes.

Die Philosophie und jeder ihrer Lehrer ist ohne Bezug auf diese Heiligkeit. Eine Philosophie, die diesen Abgrund überspringen wollte, würde als Philosophie nicht zu einer bestimmten Religion kommen, sondern zu allen Religionen in ihrer Gesamtheit (so wie Proklos sich Hierophant der ganzen Welt nannte), und das ist religiös widersinnig. Es wäre Aufhebung der Geschichtlichkeit der Religion, ihres Ernstes in der Geschichtlichkeit. Was man philosophische Religion genannt hat, wäre Religion ohne alle Merkmale einer lebendigen Religion, wäre ein Rest nach Abzug von Kultus, Gebet, Gemeinde, Heiliger Schrift. Schellings Philosophie der Mythologie und Offenbarung, mit der Absicht auf eine philosophische Religion, endet zwar in Christus und scheint dadurch sogar verengt, aber dem Sinne nach doch durch Aufhebung des Christusgedankens in Schellings positive Philosophie der Geschichtlichkeit des Wirklichen im ganzen.

Wenn die Alternative zum kirchlichen Glauben aufgestellt wird, soll die Philosophie nicht zu sich überreden wollen. Eher sollte sie vor sich warnen.

Wenn die Theologie zur Philosophie wird dergestalt, daß als Quelle das Einzige und Eigentümliche der Religion nicht mehr fühlbar ist, dann kann der Philosophierende wohl erschrecken. Es ist, als ob plötzlich der Gegner nicht mehr da sei, den er als in der Welt unerläßlich kennt, im Kampf mit dem er die eigenen Impulse geklärt und neu entzündet hat. Er fragt sich, in welcher Gestalt der alte Gegner doch wieder, noch verschleiert, da ist. Es ist, als ob er diesen Gegner, den er nie vernichten, sondern nur zum offensten Reden bringen wollte, nicht entbehren könne.

Dann hat er die Sorge wegen der Ohnmacht des Philosophierens für die Mehrzahl der Menschen. Die der Philosophie identisch gewordene Theologie könnte in die gleiche Ohnmacht verstrickt werden. Was der Philosoph darf, sich an Einzelne wenden, das ist der Theologie versagt, die sich in der Kirche an alle wenden soll. Es ist die Frage, ob für die Mehrzahl von uns Menschen nicht das unumgänglich ist, worin Philosophie versagen muß: die Religion als Kult, Gemeinschaft, die Leibhaftigkeit und Autorität greifbarer Gegenwart. Es ist die Sorge, daß das, was Philosophie nicht zu leisten vermag, und wofür sie auf das andere blicken durfte, wohin sie jeden weisen konnte, der bei ihr kein Genügen fand, nun überhaupt nicht mehr geschieht.

Weiter ist es eine Sorge der Philosophie selber um den Gehalt der biblischen Religion. Es könnte sein, daß statt der Verwandlung in der Neugestaltung der für uns unersetzlichen biblischen Impulse vielmehr eine Verwässerung eintrete, die die Vorstufe ihres Verschwindens würde.

Dann steht am Ende dem Philosophierenden vor Augen, daß Menschen, ratlos geworden durch bloßen Verstand, ohne die Philosophie zu erreichen, in die schreckliche Daseinsform transzendenzloser Tyrannis geraten, in der sie wieder einfach gehorchen, aber als Abendländer ohne biblischen Glauben und daher für unseren Blick ohne Gehalt ihrer Existenz.

Gegen die Bedrohung des Einswerdens von Philosophie und Religion dadurch, daß Philosophie und Theologie eins würden, läßt sich aber sagen: Das mögliche Einswerden mit der Philosophie bedeutet Einmütigkeit im kritischen Bewußtsein der Erhellung und Scheidung aller Möglichkeiten des Umgreifenden, nicht aber das Einswerden in der Praxis der geschichtlichen Religion. Diese Praxis bleibt die eigene Gabe und die eigene Berufung des Seelsorgers, seine Wirkung in Erfüllung des Kultus, der Predigt, der mythischen Sprache.

IV. Wer, ob als Theologe oder Philosoph, mit Ansprüchen auftritt, die in der Tat über die Wissenschaft hinausgehen, auch wenn sie sich fälschlich wissenschaftliche Form geben, muß es sich gefallen lassen, persönlich erblickt zu werden. Denn hier sind Sache und Person eins. Beide erleuchten sich für den Beobachter gegenseitig in dem Umgreifenden, aus dem gesprochen wird.

Bultmann hat die Diskussion über die Entmythologisierung in Gang gebracht, vielleicht zu seiner eigenen Überraschung. Sein erster Aufsatz zur Sache »Neues Testament und Mythologie« steht als zweiter in der Schrift »Offenbarung und Heilsgeschehen« 1941. Keineswegs ist er dort als ein solcher von besonderer Bedeutung betont. Wenn also etwas in der Theologenwelt schon bereitlag, das durch diesen Aufsatz in Flammen geriet, so ist doch das Ganze so sehr von der Persönlichkeit Bultmanns geprägt und hat sich in seinen Bahnen bewegt, daß man unwillkürlich auf ihn den Blick richtet, wenn diese Sache interessiert.

Bultmann ist der Historiker, dessen Forschungen ungemein zuverlässig informieren. Er ist von der nicht häufigen Redlichkeit, die ihn unbequeme Tatbestände unumwunden anerkennen läßt, so wenn er etwa den Satz schreibt: Jesus hat sich geirrt. Ich gestehe, daß ich als Nichtfachmann von keinem zeitgenössischen Theologen so viel gelernt habe wie von ihm und von Dibelius. Die historische Belehrung durch Bultmann ist in einer wundervoll klaren Sprache geboten. Man bewegt sich mit ihm als historischer Zuschauer, interessiert sich für die merkwürdigen Dinge.

Sowie Bultmann dann aber zu »existentialer Interpretation« übergeht, wozu er zwischenhinein immer wieder geneigt ist, wird er historisch langweilig, man lernt nichts mehr. Das aber, was damit erstrebt wird, scheint nicht erreicht, kaum im Ansatz da. Ich weiß nicht, ob das einen Pfarrer ergreifen kann. Den, der im eigenen Glauben nicht dabei ist, läßt es jedenfalls unberührt. Bultmann bewahrt auch bei der existentialen Interpretation den immer gleichen wissenschaftlichen Ton, wissend und argumentierend. Alle Herrlichkeit der Bibel überzieht er mit einer distanzierenden und zugleich einhüllenden Schicht sachlichen Redens. Nicht Grimm und nicht Heiterkeit, aber etwas von Eigensinn und Trübheit umfängt den Leser.

Aber die Diskrepanz zwischen dem Historiker und Theologen darf nicht verleiten, die eine der beiden Seiten von Bultmanns Werk durch die andere zu rechtfertigen oder zu verneinen. Weil er ein großer Forscher ist, braucht er noch kein guter Theologe zu sein. Falls er – vielleicht – ein versprechender und enttäuschender, ein schlechter Theologe ist, wird sein wissenschaftliches historisches Werk nicht fragwürdig.

Aber ich fürchte: Würde jemand Bultmann wegen seiner Redlichkeit rühmen, so würde Bultmann diese für eine Selbstverständlichkeit halten und das Lob als gar nichts Sonderliches akzeptieren; er würde nicht betroffen sein, würde nicht etwa anworten: Keinem Menschen gelingt es; Redlichkeit ist zwar ein menschlicher, aber ein ungeheurer Anspruch, ich fürchte, daß ich ihm nicht genüge. Nun ist kein Zweifel, daß Bultmanns Redlichkeit ihn stets führt dort, wo er wissenschaftlich arbeitet und zuverlässig ist, aber es scheint mir, daß die Natur der Sache ihm die Redlichkeit unmerklich trübt, wenn er nicht als Forscher, sondern als Theologe vom Glauben spricht. Aber wer vermöchte das zu entscheiden! Hier steht jeder vor dem Unverstandenen des andern, den er nicht übersieht, und kann nur den Aspekt aussprechen, der sich ihm gezeigt hat, nicht als Urteil, sondern als Frage:

Welche geistige Macht wirkt durch Bultmann, oder etwa gar keine? Er ist nicht liberal und nicht autoritär orthodox; man meint die untilgbare fromme Kindheitserinnerung standhalten zu sehen gegen den Sinn seines in der Tat sachlich auflösenden, wie mir scheint Theologie und Philosophie preisgebenden Denkens; er ist suggeriert von einem durchschnittlich modernen, vermeintlich aufgeklärten Weltbild; er spricht in der Form des Wissenkönnens wissenschaftlich in der Weise, daß der fühlbare Einsatz von Glaube und Verantwortung ausbleibt. Wenn in diesem Durcheinander von Wissenschaft und Theologie aber eine Macht bleibt, so am Ende die der Orthodoxie. Es scheint die wunderlichste Mischung von falscher Aufklärung und gewaltsamer Orthodoxie zu sein.

Von da her in Verbindung mit der Selbstgewißheit wissenschaftlicher Methoden kommt wohl jene Unerschütterlichkeit mit unbewegbarer Würde. Von da her die Leichtigkeit etwa einer Form des Kommunikationsabbruchs gegenüber einem orthodoxen Gegner, auf den er nicht eingehen will: »Ich denke, mit ihm schiedlich-friedlich auseinanderzukommen, wenn wir uns nur gegenseitig je ein Eingeständnis machen: ich, daß ich in der Realtheologie nichts verstehe, er, daß er von der Entmythologisierung nichts versteht.« Es ist wohl physisch unmöglich, den vielen zu antworten, die in solcher Diskussion privat oder öffentlich sich äußern. Es ist auch wohl eine Faktizität, daß so oft ein Miteinanderreden vergeblich scheint. Aber beides ist doch schwer zu tragen für den im biblischen Denken wurzelnden Kommunikationswillen. Daß dieser allzu oft schweigen muß, ist selbstverständlich, aber daß dieses Schweigen seine Unbetroffenheit spüren läßt dadurch, daß mit beißender Ironie ein radikales Nichtverstehenkönnen fixiert wird, das scheint mir Symptom eines verschlossenen Grundcharakters, der sich festzuhalten strebt. Die Gelassenheit dieses in der Welt so oft zu hörenden »Das ist mir unverständlich«, »Wir werden uns nie verstehen« ist auch Bultmann eigen. Mir scheint sie das Zeichen jeder, nicht nur der christlichen Orthodoxie.

Der große Gelehrte hat, so scheint es, sich auf ein Feld gewagt, wo er irreführt: den Philosophierenden, den er ohne Philosophie läßt, den Pfarrer, dem er eigentlich keinen Weg zeigt. Denn sind die Sprechweisen, die Bultmann lehrt, dem Pfarrer und seiner gläubigen Gemeinde nicht ungemein schwer verständlich? Helfen sie denen, die unbefangen sich klar werden wollen in der Wirklichkeit pneumatischer Ergriffenheit, die das Leben zu tragen vermag?

Rudolf Bultmann

Zur Frage der Entmythologisierung
Antwort an Karl Jaspers

Ich hatte mich zuerst gefreut, ja, es als eine Ehre empfunden, daß sich Karl Jaspers zur Frage der Entmythologisierung geäußert hat. Aber je öfter ich seine Ausführungen gelesen habe[1], desto schwerer wurde es mir, darauf zu antworten. Und zwar deshalb, weil ich immer stärker empfinde, wie wenig sie im Sinne echter Kommunikation gehalten, im Stile einer sokratisch-platonischen διαλέγεσθαι gefaßt sind, wie sehr es ex cathedra gesprochene Worte sind.

Jaspers hat mich in die Lage versetzt, auf manches überhaupt nicht anworten zu können. Denn wenn ich mich gegen den Vorwurf verteidigen wollte, daß mich »kein Hauch etwa kantischen oder platonischen Denkens berührt zu haben scheint« (24), daß ich die Philosophie als die »wissenschaftliche Philosophie im Sinne der Professorenphilosophie des 19. Jahrhunderts oder der doxographischen Auffassung der hellenistischen Zeit« verstehe (24), daß ich echte Aufklärung mit Aufkläricht verwechsle (51), so würde ich ja eine komische Rolle spielen. Ich kann auch nichts gegen seine Skepsis, ob meine theologische Arbeit dem Pfarrer einen Dienst leiste (61–65), sagen wollen. Und daß ich auf seine Charakteristik meiner Person (65 f.) eingehe, wird ja niemand erwarten. Auf einen Nekrolog kann man nicht antworten.

Ich erspare es mir aber auch, auf Jaspers' Kritik meiner »Voraussetzungen« einzugehen, auf denen »wie auf zwei Säulen« das Gebäude meiner Thesen angeblich ruht (20). Es mag aus dem Folgenden indirekt deutlich werden, daß ich weder der Meinung bin, die moderne Wissenschaft liefere ein »Weltbild« in dem Sinne, wie Jaspers diesen Terminus versteht, noch daß ich mich auf eine philosophische Doktrin berufe. Was die letztere Frage betrifft, so darf ich dankbar hinweisen einmal auf die Ausführungen von *Kurt Reidemeister*[2], der gezeigt hat, daß es sich bei der Entmythologisierung um ein hermeneutisches Pro-

---

[1] Zuerst erschienen in der *Schweizerischen Theologischen Umschau* 1953, Nr. 3/4, S. 74–106, dann im *Merkur*.
[2] Erschienen in der *Sammlung* VIII, 1953, S. 528–534

blem handelt, das aus einer konkreten Situation erwächst, die nicht in einer besonderen Weise zu philosophieren begründet ist, und daß in dieser konkreten hermeneutischen Situation das Begriffspaar existentiell, existential seinen verbindlichen Sinn bekommt. Sodann auf die Schrift *Friedrich Gogartens* »Entmythologisierung und Kirche«[1]. Hier ist deutlich gemacht, daß es nicht Abhängigkeit von einer philosophischen Lehre Heideggers bedeutet, wenn man von seiner Existenz-Analyse lernt, weil in dieser das gleiche Problem angegriffen ist, das der Theologie aufgegeben ist und das sie – etwa seit Ernst Troeltsch – bewegt, nämlich das für die Theologie durch das geschichtliche Verständnis der Bibel akut gewordene Problem der Geschichte. Im Bestreben, den Bezug des menschlichen Seins auf die Geschichte und damit das geschichtliche Verstehen zu klären, und damit aus dem traditionellen »Subjekt-Objekt-Schema« herauszukommen, kann die Theologie von Heidegger lernen. »Selbstverständlich muß es nicht Heidegger sein, bei dem man lernt. Meint man es anderwärts besser lernen zu können, dann ist es gut. Nur: gelernt werden muß es.«

Wenn es schon allgemein gilt: »Wer sich kritisch auf die Begriffe besinnt, die er gebraucht, ganz gleich, ob das theologische oder physikalische sind, kommt damit in die Nähe der Philosophie und bedient sich ihrer Arbeit« (Gogarten), so liegt es heute nicht an willkürlicher Wahl oder an individuellem Belieben, wenn theologische Arbeit von der modernen philosophischen Arbeit lernt, sondern es ist in der geschichtlichen Situation begründet, in der hier wie dort die Einsicht in die Fragwürdigkeit des bis heute die Wissenschaft beherrschenden Denkens aufgebrochen ist.

Würde eine echte Diskussion der Frage der Entmythologisierung nicht davon ausgehen müssen, *das Problem zu fixieren*, um das es sich bei dieser Frage handelt? Sieht Jaspers dieses Problem? Für ihn ist es ausgemacht, daß ich den Glauben retten will, soweit er sich angesichts unausweichlicher wissenschaftlicher Erkenntnisse retten läßt (51–61); daß ich »dem Glaubenslosen durch einen rationalen Gewaltakt so etwas wie

[1] Stuttgart, Vorwerk-Verlag 1953.

das gute Gewissen eines Nochglaubenwollens und -könnens« verschaffen will (48). Das ist nun ganz gewiß nicht meine Absicht. Die Entmythologisierung hat nicht den Sinn, durch kritische Abstriche an der Tradition, bzw. an den biblischen Sätzen, den Glauben für den modernen Menschen akzeptabel zu machen, sondern diesem klar zu machen, was christlicher Glaube ist, und ihn damit vor die Frage der Entscheidung zu stellen, einer Entscheidung, die gerade dadurch provoziert wird, daß der Anstoß, das σκάνδαλον der Glaubensfrage – nun nicht speziell dem *modernen* Menschen, sondern dem Menschen überhaupt (von dem der moderne Mensch nur eine Spezies ist) deutlich gemacht wird. Daher geht mein Versuch der Entmythologisierung allerdings davon aus, die Anstöße hinwegzuräumen, die für den modernen Menschen daraus erwachsen, daß er in einem durch die Wissenschaft bestimmten Weltbild lebt.

Solches Verfahren hat sein Ziel nicht darin, dem modernen Menschen beruhigend zu sagen: »dies und jenes brauchst du nicht mehr zu glauben«. Das sagt es freilich auch und kann dadurch in der Tat von einem Gewissensdruck befreien; aber nicht deshalb, weil gezeigt wird, daß das *Quantum* des zu Glaubenden geringer sei, als der moderne Mensch geglaubt hatte, sondern weil gezeigt wird, daß Glauben etwas qualitativ anderes sei als das Akzeptieren eines größeren oder geringeren Quantums von Sätzen. Indem die Entmythologisierung klären will, was der Sinn des Glaubens ist, führt sie vor die Entscheidungsfrage, nicht jedoch zu einem »denkenden Aneignen der existentiellen Sätze der Bibel durch existentiale Auslegung« (26), nicht als eine »neue Methode wahrer Glaubensaneignung« mittels existentialer Interpretation (62).

Dieses – die Sichtbarmachung dessen, was christlicher Glaube ist, die Sichtbarmachung der Entscheidungsfrage – scheint mir das Einzige, aber auch das Entscheidende zu sein, was der Theologe zu tun hat angesichts der »heute gewaltigen wirklichen Gefahren, gegen die der Angst erwachsenen, in ratlosem Irregehen ergriffenen trügerischen Hoffnungen und Erwartungen, gegen die Ausflüchte, die analog in Medizin, Politik, Theologie und überall ruinös sind« (49). Er hat die Frage deutlich zu machen, die Gott dem Menschen stellt und die für den

»natürlichen« Menschen der Anstoß ist, weil sie die Preisgabe aller selbstgesuchten Sicherheit fordert.

Daß sich Jaspers diesen Anstoß nicht klar gemacht hat, zeigt sich einerseits darin, daß für ihn der Anstoß offenbar im Absolutheitsanspruch der im Christentum geglaubten Offenbarung besteht (wovon noch zu reden sein wird), andrerseits darin, daß er den biblischen Glauben zu dem »Bewußtsein des von Gott geschaffenen eingeborenen Adels des Menschen« verharmlost und dieses »Bewußtsein der gottgeschenkten nobilitas ingenita« gar noch mit dem biblischen (übrigens paulinischen) »der Christus in mir« gleichsetzt (63), daß er für die paulinische Lehre von der Rechtfertigung ohne des Gesetzes Werk allein durch den Glauben kein Verständnis hat (62), und daß er im Johannes-Evangelium den »ersten christlichen mythisch gegründeten Antisemitismus« findet (35).

Das eigentliche Problem ist also das hermeneutische, d. h. das Problem der Interpretation der Bibel und der kirchlichen Verkündigung in *der* Weise, daß diese als ein den Menschen anredendes Wort verstanden werden können. Das Problem der Hermeneutik scheint mir aber von Jaspers trotz der langen Ausführung über das Verstehen (36–41) nicht wirklich erfaßt worden zu sein. Daß er die Verantwortung, einen biblischen Text zu interpretieren, nicht am eigenen Leibe erfahren hat, ist ihm natürlich nicht vorzuwerfen. Aber dürfte man nicht erwarten, daß er sich diese Aufgabe und ihre Verantwortung klar zu machen versuchte?

Er ist so gut wie ich davon überzeugt, daß ein Leichnam nicht wieder lebendig werden und aus dem Grabe steigen kann (31), daß es keine Dämonen und keine magisch-kausale Wirkung gibt (33). Wie nun, wenn ich als Pfarrer in Predigt und Unterricht Texte erklären soll, die von der körperlichen Auferstehung Jesu, von Dämonen oder von magisch-kausaler Wirkung reden? Oder wenn ich als wissenschaftlicher Theologe den Pfarrer durch meine Interpretation zu seiner Aufgabe anleiten soll? Wie würde Jaspers z. B. Röm. 5, 12–21 oder 6,1–11 interpretieren, wenn er vor die konkrete Aufgabe gestellt würde? Wenn er vom Heilsgeschehen, das in der Tat im Neuen Testament in der Form des Mythos (etwa Phil. 2,6–11) erzählt wird, sagt, daß dieser Mythos »als solcher vom Ernst existentieller Wirklichkeit zu prüfen« sei »auf die Kraft, die von seiner Sprache ausgeht, und die Wahrheit, die ihm in der Wirklichkeit des Lebens entspringt« (60), so kann ich auf eine so vage Aussage nur mit der Frage erwidern: »Wie macht man das?«

Sein Zauberwort, mit dem das hermeneutische Problem niedergeschlagen wird, ist die »*Chiffre*« (gelegentlich auch: »Symbol«). Die mythologischen Aussagen der Texte sind »Chiffren«, die mythologische Sprache ist »Chiffrensprache«. »Chiffre« wofür? Für die »Transzendenz«, für den transzendenten Gott. Der Mythos »ist die Sprache jener Wirklichkeit, die selber nicht empirische Realität ist, der Wirklichkeit, mit der wir existentiell leben« (31)[1].

Mit der Definition des Mythos als Chiffre der Transzendenz ist die Aufgabe der Interpretation erst angedeutet, aber keineswegs schon erledigt. Es mag aller Mythologie (wenn wir von rein ätiologischen Mythen absehen) gemeinsam sein, daß sie von einer Wirklichkeit redet, die jenseits der empirischen Realität liegt und vom Bezuge des Menschen zu ihr redet. Aber ist jene Wirklichkeit und damit das Sein des Menschen in aller Mythologie in der gleichen Weise verstanden? Etwa in der indischen, der griechischen und in der biblischen Mythologie? Den Reichtum und die Verschiedenheit der »Chiffren« kann Jaspers natürlich nicht übersehen. Aber ist diese Verschiedenheit

---

[1] Wenn ich einmal absehe von der Frage, ob von dieser Wirklichkeit *nur* in mythologischer Sprache geredet werden kann, wie Jaspers behauptet, so möchte ich fragen, ob seine Auffassung vom Mythos, sofern er diesen als Chiffrensprache definiert, von der meinen so verschieden ist. Wenn ich gelegentlich formuliert habe, daß sich im Mythos das Wissen des Menschen um Grund und Grenze seines Seins ausspricht, ist das so verschieden von dem, was Jaspers meint? Einig bin ich mit ihm ja jedenfalls darin, daß der Mythos mißverstanden ist, wenn die Wirklichkeit, von der er redet, als »empirische Realität«, wenn seine Sprache als diejenige »garantierter und garantierender Leibhaftigkeit« aufgefaßt wird (31). Freilich meine ich, daß solches Mißverständnis nicht ein sekundäres Abgleiten ist, sondern daß es vielmehr für den ursprünglichen Mythos charakteristisch ist, daß in ihm die »empirische Realität« und jene »Wirklichkeit, mit der wir existentiell leben« noch ungeschieden sind. Mythisches Denken ist ebenso objektivierend wie wissenschaftliches, wenn es z. B. die Transzendenz Gottes als räumliche Entfernung oder die unheimliche Macht des Bösen als in einer Person (dem Satan) verkörpert vorstellt. Eben daher die Aufgabe der Entmythologisierung.

gleichgültig gegenüber der Tatsache, daß alle Mythen nur Chiffren der Transzendenz sind? Wenn Jaspers sagt, daß das Wahre »in Sprüngen der Geschichte des Geistes« (54) offenbar wird, so scheint es, daß für ihn die Verschiedenheit der Mythen eine rein zufällige, durch historische Konkretion bedingte ist.

Oder mißverstehe ich ihn? Er redet ja auch davon, daß Mythos gegen Mythos steht (34), und daß es gilt, »innerhalb dieses (des mythischen) Denkens zu ringen um das für wahr Geglaubte« (34 f., vgl. 59). Da Jaspers dafür keine Beispiele gibt, sondern nur ganz allgemein davon redet, daß »die Bibel ein für uns bevorzugter Ort dieses Ringens« sei, »ein anderer die griechischen Epen und Tragödien, ein anderer die heiligen Bücher Asiens« (34), so kann ich mir keine Vorstellung davon machen, in welcher Weise dieser »geistige Kampf« geführt werden soll. Gilt es nicht, die verschiedenen Mythologien hinsichtlich des in ihnen sich aussprechenden Existenzverständnisses zu interpretieren? Gibt es Verschiedenheit des Verständnisses von Existenz nur in der Philosophie (z. B. zwischen Jaspers und Heidegger), nicht auch in der Mythologie?

Kurz: ich sehe nicht, daß Jaspers das hermeneutische Problem erfaßt und sich darum bemüht hat. Denn daß die Aneignung der mythischen Glaubenssprache »durch unwillkürliche Verwandlung in gegenwärtig bezwingenden Sinn innerhalb des Mythischen selber« zu geschehen habe (46), läßt ja gerade die Frage offen, was denn solche Verwandlung eigentlich sei, oder was in ihr geschehe; ebenso was »das in der Verwandlung Gleichbleibende der mythischen Wahrheit« sei (46).

Jaspers entzieht sich dem hermeneutischen Problem aber auch dadurch, daß er die Aufgabe einer sachgemäßen Auslegung der Bibel dem Wissenschaftler abspricht und dem Seelsorger zuweist. Dieser »wagt die Sprache der Transzendenz als Sprache Gottes zu hören und zu sprechen in der gemeinschaftlichen Lebenswirklichkeit selber« (47). Darf ich die Frage stellen, ob der Seelsorger, um die Sprache der Bibel als die Sprache der Transzendenz und damit als die Sprache Gottes zu hören, nicht auch die Sprache des Hebräischen und des Griechischen verstehen muß? Oder ob er, wenn er sie nicht versteht, sich nicht auf die Wissenschaftler verlassen muß, die sie verstehen?

Und besteht die Übersetzung ins Deutsche der Gegenwart nur in der Übertragung fremder Vokabeln in deutsche? Oder bedarf es dafür nicht eines weitergehenden Verständnisses der Sprache, ihrer Begrifflichkeit, des sie leitenden Denkens? So daß Übersetzung immer zugleich Auslegung ist?

Muß nun die vom Wissenschaftler gelieferte Übersetzung nicht (soweit das erreichbar ist) »*richtig*« sein? Kann der Exeget, der (um in den Begriffen von Jaspers zu reden) das (ursprünglich) Verstandene verstehen will, das ursprünglich Verstandene mit seinen »Wertungen« von gut und böse, wahr und falsch, schön und häßlich (37) vergegenwärtigen, ehe er den Text »richtig« verstanden hat? »Die Aneignung des biblischen Glaubens wird nicht durch Forschung vollzogen« (46). Gewiß nicht! aber wann hätte ich das je behauptet? »Verstehen des Glaubens (d. h. doch wohl: glaubendes Verstehen) ... geschieht nicht als Methode einer Forschung« (43). Gewiß nicht! aber glaubend-verstehende Aneignung des biblischen Wortes ist doch nur möglich, wenn das biblische Wort jeweils in die der Gegenwart verständliche Sprache übersetzt ist. Und ist solche Übersetzung ohne methodische Forschung möglich?

Nun ist freilich solche methodische Forschung (die also ursprünglich Verstandenes verstehen will) nicht möglich, wenn die Möglichkeit ursprünglichen Verstehens nicht im Forscher vorhanden ist, d. h. wenn er nicht ein ursprünglich verstehendes, ein existentielles Verhältnis zu der Sache hat, um die es in dem zu interpretierenden Texte geht[1]. Er kann also, wenn er aufzeigen will, was in dem Text als gut und böse, wahr und falsch usw. gilt, das nur tun, wenn für ihn selbst gut- und bösesein, wahr- und falsch-sein usw. existentielle Möglichkeiten sind. Das hindert aber gar nicht, daß er bei der Interpretation seine »Wertungen« suspendiert, d. h. in der Frage hält. Die sachliche Interpretation des »Richtigen« führt *indirekt* den Hörer oder Leser in die Situation der Entscheidung. Die Interpretation selber kann nur das »Richtige« sehen und zeigen wollen. Sie deckt in solcher Interpretation Möglichkeiten von Existenzverständnis auf und richtet dadurch indirekt einen Appell an

[1] Ich darf hier wohl auf meinen Aufsatz »Zum Problem der Hermeneutik« (Glauben und Verstehen II, 1953, S. 211–235) verweisen.

den Hörer oder Leser, nimmt ihm aber die Entscheidung nicht ab. Natürlich kann sie nicht verhindern, daß der Hörer oder Leser das Gesagte mißversteht, wenn er den Appell nicht vernimmt.

Was von jeder Interpretation gilt, das gilt ebenso von der Interpretation der Bibel. Auch sie vermag nur das »Richtige« zu sehen und zu zeigen, und sie vermag es nur dann, wenn der Interpret ein Verhältnis zu der Sache hat, um die es hier geht. Das bedeutet aber nicht das Unmögliche, daß der Interpret seinen Glauben voraussetzt, wohl aber, daß er von der Frage seiner Existenz bewegt ist, auf welche Frage der Glaube eine mögliche, aber nicht durch die Interpretation andemonstrierbare Antwort ist.

Die Verkennung der Situation des Interpreten durch Jaspers scheint mir mit seiner Bestreitung der Möglichkeit einer existentialen Analyse überhaupt zusammenzuhängen. Warum eine solche nicht möglich sein soll, vermag ich nicht einzusehen. Gewiß unterscheidet sich das, was Jaspers »Existenzerhellung« zu nennen pflegt, von Heideggers phänomenologischer Analyse des Daseins dadurch, daß sich die »Existenzerhellung« nur im Existieren und nicht lösbar von »existentieller Kommunikation« vollzieht. Aber Jaspers kann doch gar nicht umhin, das, was er »Existenzerhellung« nennt, so zu explizieren, daß es allgemein verständlich wird, d. h. er muß es zur Lehre objektivieren. Und wenn Jaspers sagen könnte, daß sich die Objektivation im echten (existentiellen) Verstehen selbst aufhebt, so gilt Entsprechendes für Heideggers Analyse. Seine phänomenologische Analyse des Daseins als eines in sich verschlossenen und zu sich entschlossenen Daseins im Sein zum Tode nimmt auch demjenigen, den sie als »Lehre« überzeugt, nicht das Wagnis der Existenz ab. Vielmehr zeigt sie, daß Existenz nur je von mir übernommen werden kann, und macht die von Jaspers geforderte Verantwortung deutlich, die Verantwortung »zum Selbstsein, Echtsein und Eigentlichsein, zur Einsenkung in die Geschichtlichkeit der eigenen zu übernehmenden Herkunft des Soseins, zum Ernst der Frage in der trostlosen Situation« (23).

Ob man einen Satz von Jaspers wie den: »Es gibt nichts anderes als Verstehen ... Verstehen ist die Weise der Gegenwart des Seins, das wir sind« (37) als einen Satz existentialer Analyse bezeichnen will oder nicht, scheint mir ein Wortstreit zu sein. Oder die Rede von der »Verantwortung des auf sich selbst zurückgeworfenen Menschen, der nur durch die Freiheit und auf keinem anderen Wege erfährt, wie er sich in ihr, aber nicht durch sie von der Transzendenz geschenkt wird« (50). Oder die Erwägung, »daß jeder Mensch in seiner Freiheit die Möglichkeit hat, sich von der Transzendenz geschenkt und geführt zu erfahren« (58)! Wenn sich der Leser solcher Sätze diese aneignet, weil er in ihnen Klarheit über sein Sein zu finden meint, übernimmt er dann eine Lehre der »wissenschaftlichen Philosophie im Sinne der Professorenphilosophie des 19. Jahrhunderts« (24)? Vor solchem Mißverständnis kann auch Jaspers sich nicht retten. Aber im Mißverständnis oder im Mißbrauch der existentialen Analyse liegt doch gewiß kein Beweis für ihre Unmöglichkeit.

Dem hermeneutischen Problem kommt Jaspers m. E. am nächsten in seinen Reflexionen über *das Subjekt-Objekt-Verhältnis*. Aber käme es ihm auf ein διαλέγεσϑαι im Sinne gemeinsamen Wahrheitssuchens in gegenseitiger kritischer Befragung an, so hätte er doch nicht übersehen können, daß eben jene Frage nach dem Subjekt-Objekt-Verhältnis auch meine hermeneutischen Bemühungen bewegt, daß ich mich nämlich bemühe, ein echtes Verstehen vergangenen Existenzverständnisses aus der Sicht des objektivierenden Denkens herauszunehmen. Daher fühle ich mich von seinem Urteil nicht getroffen, daß ich in der Objektivität des Gesagten und der Subjektivität des Sprechenden beides nicht in eins zusammenhalte (44).

Ich könnte nun freilich nicht sagen, daß dieses »Zusammenhalten« das Werk des »Umgreifenden« sei. Vielmehr meine ich, daß es sich einfach darin ereignet, daß das Subjekt in echter Begegnung das Objekt als Anrede vernehme. Hinter diese zurückzugehen in der Reflexion auf das »Umgreifende« scheint mir nicht nur eine überflüssige Spekulation zu sein, sondern auch den Ernst der Anrede, der Begegnung, zu verfehlen. Die Begriffe der Begegnung und der Anrede spielen bei Jaspers keine Rolle. Das aber scheint mir nichts Geringeres zu besagen, als daß die Geschichtlichkeit des menschlichen Seins von ihm nicht voll erfaßt ist. Soweit ich aus seinen Ausführungen entnehmen kann, versteht er unter der Geschichtlichkeit nur die Tatsache, daß der Mensch je an einer Stelle des historischen Zeitablaufs steht, daß er unter zufälligen historischen Bedingungen lebt und unter dem Einfluß historischer Tradition steht.

Deshalb erscheint mir auch Jaspers' *Begriff von Transzendenz* als fragwürdig. Zunächst hat Transzendenz offenbar den negativen Sinn des Ungegenständlichen; die Einsicht, daß Existenz nicht zur Welt des Gegenständlichen gehört, führt dann dazu, das Ungegenständliche zu hypostasieren zum »Umgreifenden alles Umgreifenden«, ja zu Gott, so daß nun in der Tat in der für Jaspers unentbehrlichen mythologischen Sprache geredet werden kann; z. B. daß der Mensch die Möglichkeit hat, sich von der Transzendenz geschenkt und geführt zu erfahren (58), oder daß die Liberalität nicht irgend etwas für unmöglich erklärt, was Gott als absolute Transzendenz bewirken könnte (59). Fühlt man sich beim »Umgreifenden alles Umgreifenden« an das »Universum« Schleiermachers erinnert, den Jaspers gelegentlich mit einer boshaften Bemerkung bedenkt (44), so erinnern andere Aussagen an Kant. Nach Jaspers ist der »unmittelbare Bezug zur Gottheit in der eigenen verantwortlichen Freiheit der Vernunft in jedem Menschen möglich« (56). »In der unmittelbaren Beziehung der eigenen Freiheit zur Gottheit« weiß sich »das Bewußtsein in Gottes Hand« (63). Was ist dann schließlich diese »Transzendenz« anderes, als was früher einmal »Geist« genannt wurde? Geist, der freilich der »Leibhaftigkeit« gegenüber transzendent ist, der aber der menschlichen Vernunft immanent ist! Ist solche »Transzendenz« die Transzendenz Gottes? Wenn nach Jaspers »das Geheimnis des Offenbarwerdens des Wahren in Sprüngen der Geschichte des Geistes« offenbar wird (54), so scheint die »Transzendenz« auch der Geschichte immanent zu sein.

Sein Begriff der Transzendenz führt nun Jaspers zu seiner Deutung des *Offenbarungsglaubens*. »Daß Gott sich lokalisiert an Ort und Zeit, einmalig oder in einer Folge von Akten, sich hier und nur hier offenbart habe, ist ein Glaube, der in der Welt Gott zu einem Objektiven befestigt« (53). Sehr richtig! Auch richtig, daß in den christlichen Kirchen der Offenbarungsglaube oft so verstanden wurde und wird. Aber sieht Jaspers nicht, daß gegen solchen Offenbarungsglauben auch immer wieder der Kampf geführt wurde? Weiß er nicht, daß ich gerade gegen die Fixierung Gottes zu einem Objektiven, gegen das Mißverständnis der Offenbarung als Offenbartheit kämpfe? Sieht er nicht, daß es das Ziel meiner »Entmythologisierung« ist, die mythologische Eschatologie des Neuen Testaments so zu interpretieren, daß das Offenbarungsgeschehen als »eschatologisches« Geschehen in echtem Sinne deutlich wird? Er mag meine Auffassung für falsch halten, aber kann ein echtes διαλέγεσθαι statthaben, wenn die Intention des Gegners ignoriert wird?

Nun, ich habe den Eindruck, daß Jaspers ein wirkliches διαλέγεσθαι mit mir nicht für möglich hält, und zwar wegen dessen, was er als meine Orthodoxie bezeichnet, bzw. deshalb, weil ich als christlicher Theologe den *Absolutheitsanspruch* der im Christentum geglaubten Offenbarung behaupte. Ist es Jaspers klar, daß, wo immer Offenbarungsglaube redet, er die Absolutheit der geglaubten Offenbarung behauptet, behaupten muß, weil er sich selbst als die Antwort auf das: »Ich bin der Herr, dein Gott. Du sollst keine anderen Götter haben neben mir!« versteht. Es steht jedem frei, solchen Offenbarungsglauben für absurd zu halten. Aber wenn er das tut, so sollte er nicht von Offenbarung reden. Denn es ist jedenfalls auch absurd, durch einen Blick über die Geschichte der Religion oder des Geistes hier oder dort Offenbarung finden zu wollen. Als Historiker kann ich nur hier oder dort Offenbarungsglauben feststellen, niemals aber Offenbarung. Denn Offenbarung ist Offenbarung nur *in actu* und *pro me*; sie wird nur in der persönlichen Entscheidung als solche verstanden und anerkannt.

Dann ist es auch absurd, die Frage zu stellen: »Woran ist Offenbarung erkennbar? Welches Kriterium der Wahrheit wird für die direkte Offenbarung Gottes angegeben?« (54) – sofern solche Frage voraussetzt, daß man sich zuerst der Wahrheit des Anspruchs der Offenbarung vergewissern könnte, ehe man sie als solche anerkennt. Gerade das ist ausgeschlossen, wo von Offenbarung in echtem Sinne die Rede ist, und die Niederschlagung der Frage nach Kriterien gehört zu dem Anstoß, den die Offenbarung wesenhaft bietet. Als ob sich Gott vor dem Menschen rechtfertigen müßte! Als ob nicht jeder (auch der in der Forderung von Kriterien verborgene) Geltungsanspruch vor Gott verstummen müßte! Als ob nicht die Geltung des Menschen das Geschenk an den vor ihm zunichte gewordenen Menschen wäre! Das ist doch der Sinn der – nach Jaspers mythologischen – Lehre von der Rechtfertigung allein aus Gnade ohne des Gesetzes Werke. Denn die »Werke« sind hier gemeint als das Verhalten des Menschen, der durch eigene Kraft seine Geltung vor Gott gewinnen, seinen Anspruch vor Gott, sein »Rühmen«, begründen will, und die »Gerechtigkeit« ist nichts anderes als die Geltung des Menschen vor Gott.

Ist dieses – die Lehre von der Rechtfertigung allein aus Gnade ohne des Gesetzes Werke – der »Offenbarungsinhalt«, so muß freilich der christliche Glaube die »fixierte Endgültigkeit« dieses »Offenbarungsinhalts« (55) behaupten. Er würde sonst gar nicht im Ernst von Offenbarung reden. Es ist aber klar – und mich dünkt, Jaspers hätte das sehen sollen –, daß dieser »Offenbarungsinhalt« nie im Sinne einer Orthodoxie als eine Lehre angeeignet werden kann, ohne sofort seine Wahrheit zu verlieren. Geschieht das, so hat Jaspers' »Liberalität« völlig recht, wenn sie »für sich die Bewegung in der Zeit nicht aufheben lassen will durch die fixierte Endgültigkeit eines Offenbarungsinhalts« (55). Aber Wahrheit ist jener »Offenbarungsinhalt« ja nur jeweils als Ereignis.

Meint Jaspers etwa, ich sei mir nicht klar darüber, daß »was immer als Offenbarung gesagt und getan ist«, – daß es »gesagt und getan ist in weltlicher Gestalt, weltlicher Sprache, menschlichem Tun und menschlichem Auffassen« (55)? Nun, eben dieses wird ja (in mythologischer Sprache!) in der christlichen Lehre von der Inkarnation ausdrücklich behauptet. Es kommt nur darauf an, daß die Inkarnation nicht als ein vor etwa 1950 Jahren passiertes Mirakel verstanden wird, sondern als »eschatologisches« Geschehen, das, in der historischen Person Jesu anhebend, stets im verkündigten Wort verkündigender Menschen gegenwärtig ist »als von Menschen vollzogenes Tun, Sprechen, Erfahren« (55).

Freilich: Wenn das »Heilsgeschehen« ein objektivierbares Ereignis in einer fernen Vergangenheit wäre, und wenn es in *diesem* Sinne ein »objektives Heilsgeschehen« wäre, so hätte die »Liberalität« ganz recht, es nicht »als absolutes Ereignis und Bedingung des Heils für alle Menschen« anzuerkennen (59). Aber im christlichen Verstande wird »die Kraft des Glaubens« nicht nur nicht »geschwächt«, »wenn der Geschichtlichkeit die absolute Geltung ihrer Objektivationen für alle Menschen genommen ist, d. h. wenn die objektive Garantie in der Welt aufhört« (59), sondern im Gegenteil: erst dann gewinnt der Glaube Sinn und Kraft; denn erst dann ist er echte Entscheidung.

Wenn Offenbarung wirklich als Gottes Offenbarung verstanden wird, so ist sie keine Mitteilung von Lehren, auch nicht von ethischen oder geschichtsphilosophischen Wahrheiten, sondern die unmittelbare Anrede Gottes je an mich, je mich an den mir vor Gott zukommenden Platz weisend, d. h. mich in meine Menschlichkeit rufend, die ohne Gott nichtig ist und nur in der Erkenntnis ihrer Nichtigkeit für Gott offen ist. Es kann daher für die Wahrheit der Offenbarung nur ein einziges »Kriterium« geben, nämlich dieses, daß das mit dem Anspruch, Offenbarung zu sein, begegnende Wort den Menschen in die Entscheidung stellt, – in *die* Entscheidung nämlich, wie er sich selbst verstehen will: aus eigener Kraft, Vernunft und Tat sein Leben, seine Eigentlichkeit gewinnend, oder aus der Gnade Gottes. Der Glaube, der den Anspruch der Offenbarung anerkennt, ist kein blinder Glaube, der auf äußere Autorität hin etwas *Unverständliches* akzeptiert. Denn der Mensch kann verstehen, was das Wort der Offenbarung sagt, da es ihm die beiden Möglichkeiten seines Selbstverständnisses anbietet.

Aber ebenso ist auch zu sagen: der Glaube akzeptiert auf Autorität hin *Unglaubliches*! Denn die Möglichkeit, aus der Gnade Gottes zu leben, kann ihrem Wesen nach nur eine je mir geschenkte, keine allgemein zur Verfügung stehende, nur zu ergreifende sein, sonst würde gerade das, was der Sinn der Offenbarung ist, die Begnadigung des vor Gott zunichte gewordenen Menschen, aufgehoben. Der Mensch lebt nicht von der *Idee* der Gnade Gottes, sondern von der *je ihm zugesprochenen* Gnade.

Die Offenbarung kann also nur jeweils *Ereignis* sein, wann und wo das Wort der richtenden und schenkenden Gnade jeweils einem Menschen zugesprochen wird. Daß es ein solches Zusprechen gibt, in dem Gott nicht als Gottesidee – mag sie so richtig sein, wie sie will – erscheint, sondern als *mein* Gott, der hier und jetzt zu *mir* spricht, und zwar durch den Mund von Menschen, das ist der »entmythologisierte« Sinn des ὁλόγος σὰρξ ἐγένετο, der kirchlichen Inkarnationslehre. Und *insofern* ist die christliche Verkündigung an eine Tradition gebunden und blickt auf eine historische Gestalt und ihre Geschichte zurück, als sie in dieser Gestalt und ihrer Geschichte die Legitimation des Zusprechens sieht. Und *das* ist der »entmythologisierte« Sinn der Behauptung, Jesus Christus sei das eschatologische Phänomen, das die Welt zu ihrem Ende bringt, daß dieser Christus nicht ein historisches Phänomen der Vergangenheit ist, sondern als das Wort der vernichtenden und im Vernichten lebendig machenden Gnade jeweils Gegenwart ist in der Zusage, deren Inhalt nicht eine allgemeine Wahrheit ist, sondern die Anrede Gottes je in der konkreten Situation. *Das* ist das Paradox des christlichen Glaubens, daß das eschatologische Geschehen, das der Welt ihr Ende setzt, in der Geschichte der Welt Ereignis geworden ist und in jeder Predigt, wenn sie echte Predigt ist, und in jedem christlichen Zuspruch, Ereignis wird. Und *das* ist das Paradox der Theologie, daß sie objektivierend – wie alle Wissenschaft – vom Glauben reden muß, im Wissen, daß alles Reden seinen Sinn nur findet in der Aufhebung der Objektivation.

Der Absolutheits-Anspruch des christlichen Glaubens ist für Jaspers der Anstoß. Es könnte demnach scheinen, daß ich von der Wirkung meines Entmythologisierungs-Versuchs auf ihn ganz befriedigt sein dürfte. Denn der Sinn der Entmythologisierung ist doch, den Anstoß zur Geltung zu bringen. Indessen zweifle ich, ob mir das bei Jaspers gelungen ist; denn ich zweifle, ob der Anstoß von ihm richtig verstanden ist. Er ist es nämlich nicht, solange er verstanden wird als die Behauptung der Absolutheit der christlichen *Religion*. Als solcher ist er sinnlos.

Die christliche Religion ist ein Phänomen der Weltgeschichte, so gut wie andere Religionen, und sie kann wie diese in bezug auf ihren geistigen Gehalt und auf das in ihr lebendige Verständnis menschlicher Existenz in den Blick gefaßt werden. Gewiß kann man die Religionen der Erde auch hinsichtlich ihres Gehalts und der Tiefe ihrer Einsicht in das Wesen der menschlichen Existenz ordnen. Aber selbst wenn man bei solchem Versuch der Ordnung der christlichen Religion den höchsten Rang zusprechen wollte, wenn man etwa ihren unersetzlichen Wert für die menschliche Kultur behaupten wollte, so wäre damit etwas grundsätzlich anderes gemeint, als der Absolutheits-Anspruch des christlichen Glaubens. Dieser Anspruch kann nur – aber er muß auch – vom Glaubenden jeweils erhoben werden, und zwar nicht auf Grund eines Vergleichs mit anderen Glaubensweisen, sondern nur als die Antwort auf das anredende Wort, das je mich getroffen hat. Und diese Antwort lautet: κύριε, πρὸς τίνα ἀπελευσόμεθα; ῥήματα ζωῆς αἰωνίον εχεις (Joh. 6,68).

Karl Jaspers

Erwiderung auf Rudolf Bultmanns Antwort

Sehr verehrter Herr Bultmann!

Ihre Antwort enthält Fragen an mich, auf die ich Rede stehen muß. Sie machen mir Vorwürfe, zu denen ich mich äußern darf. Der Hauptinhalt meines Vortrages war dieser: Ihrer Entmythologisierung bin ich als einer Wahrheit gefolgt, sofern Sie den Chiffren eines Glaubens die Bedeutung einer materiellen Realität nehmen. Jedoch meinte ich, Ihr Weg müsse zu Ende gegangen werden. Denn auch ein Wort Gottes, materialisiert (incarniert) dadurch, daß es an Ort und Zeit in der Welt anhebt als die einzige für Menschen entscheidende Wahrheit, könne, als Akt Gottes vorgestellt, nur ein Mythus sein. Dann aber wandte ich mich gegen Ihre Entmythologisierung im Ganzen, sofern diese den Umgang mit mythischen Gehalten einschränken oder gar ausschließen will als etwas durch den modernen Menschen (dessen Denken durch moderne Wissenschaft bestimmt sei) Überholtes. Denn die Sprache der Mythen als Chiffren einer übersinnlichen Wirklichkeit scheint mir unerläßlich und ihr Entbehren ein Unheil. Diese Differenz zwischen uns prüfte ich schließlich am Gegensatz von Liberalität und Orthodoxie und meinte, Ihre Position als Orthodoxie ansprechen zu sollen. Der eigentliche Sinn aber meines Vortrags war die Selbstbehauptung der Philosophie.

Erlauben Sie mir, daß ich nun aus Ihrer Antwort herausgreife, was auf diese Grunddifferenzen Bezug hat. Diese möchte ich versuchen zu erläutern, zu ergänzen, oder vielleicht zu verringern.

Inhaltsübersicht:

1. Sie wollen durch Ihre Entmythologisierung die falschen Anstöße, die aus einem sogenannten modernen Weltbild an Vorstellungen der Bibel stattfinden, beseitigen, um den echten Anstoß des christlichen Glaubens zur Geltung zu bringen. Aber Sie zweifeln, ob ich diesen Anstoß richtig verstanden habe.

Worin sehen Sie den Anstoß? In der Entscheidungsfrage. Entscheidung, sagen Sie, fordert »die Preisgabe aller selbstgesuchten Sicherheit«. Sie fordert die Preisgabe der »Werke«, gemeint als »das Verhalten des Menschen, der durch eigene Kraft seine Geltung vor Gott gewinnen, seinen Anspruch vor Gott, sein »Rühmen«, begründen will. Die Entscheidung, sagen Sie, geschehe darüber, ob der Mensch »sich selbst verstehen will«, ob er »aus eigener Kraft, Vernunft und Tat sein Leben, seine Eigentlichkeit« gewinne oder »aus der Gnade Gottes«. Wenn hier etwas einer Entscheidung Vergleichbares geschieht, so kann es scheinen, daß ich diese Entscheidung mit Ihnen übereinstimmend treffe gegen die Verführung durch den Jubel, der in jedem Gelingen des Lebens liegt. Ich gestehe auch, durch Paulus und Augustin erst klar begriffen zu haben, was mir ein philosophischer Impuls war: die Ohnmacht in der Freiheit zu erfahren. Sie zitieren meine Sätze vom Sichgeschenktwerden und Sichausbleiben. Diese »Entscheidung« im menschlichen Selbstbewußtsein hat in der Tat einen umwendenden Charakter. Aber sie ist unabhängig von Christus, von einem mir unbekannten Heilsgeschehen, von einer Verkündigung. In den griechischen Gedanken des Maßes und der Hybris scheint sie nicht in die Tiefe gelangt zu sein. Ob sie ohne Paulus aufgetreten wäre, ist eine müßige Frage. Sie hat sich von Paulus losgelöst als eine Einsicht, die ich für philosophisch überzeugend, wenn auch nicht für wissenschaftlich erzwingbar halte. Sie ist wahr, aber nicht, weil Paulus sie in einem christlich-mythischen Denken ausspricht.

Sie sagen, das Ziel Ihrer Entmythologisierung sei es, dem modernen Menschen »klar zu machen, was christlicher Glaube ist, und ihn damit vor die Frage der Entscheidung zu stellen«. Worin Sie die Entscheidung sehen, habe ich eben berichtet. Scheinbar oder wirklich bin ich mit Ihnen einig: Nur in der Freiheit und in dem Bewußtsein der totalen Abhängigkeit der Freiheit von der Transzendenz, die erst auf dem Gipfel der Freiheit mit Entschiedenheit fühlbar ist, spricht Transzendenz auf die unmittelbare Weise, der gegenüber alle andere Sprache vordergründlich und indirekt bleibt. Nur dies Wissen um den Grund in der Transzendenz kann frei machen in der Welt.

Aber die Differenz zwischen uns bleibt groß. Zunächst: Sie sagen, daß ich den biblischen Glauben zu dem Bewußtsein des von Gott geschaffenen eingeborenen Adels des Menschen verharmlose und diesen gar noch mit dem biblischen »Christus in mir« gleichsetze. Meine Harmlosigkeit liegt nach Ihrer Meinung, so vermute ich, in der Auffassung des Bösen.

In der Tat: Daß im Sichgeschenktwerden nicht eine Vergebung der Sünde stattfindet, sondern die Erweckung des als Gottes Ebenbild Geschaffenen, des Adels im Menschen, und daß im Sichgeschenktwerden die auf ihren Wegen undurchschaubare und nicht zu erwartende und nicht zu begreifende Hilfe beim Herausarbeiten aus dem ständig bleibenden Bösen stattfinde – das sind die mythischen Sprechweisen für die Wahrheit, die im Spiel solcher Vorstellungen uns veranlaßt, in der Zeit um das Besserwerden zu ringen in wiederholten und neuen Entscheidungen.

Verharmlosung würde ich nur dort sehen, wo das Böse in seiner ganzen, in der Welt überwältigenden, mich in meinem Inneren nie endgültig freilassenden Gewalt weggeredet wird.

Nicht nur Verharmlosung, sondern eine gefährliche Ablenkung von Gottes Willen (mythisch gesprochen) sehe ich im Gnadengedanken. In der Rechtfertigung durch den Glauben, sofern ich von außen her hier überhaupt etwas verstehe, wird der so Glaubende sich nicht in seiner Freiheit der nobilitas ingenita geschenkt, sondern erfährt die Gnade in der Vergebung der Sünde. Hier folge ich nicht. Ich halte mich an jene wunderbaren Erfahrungen: in der Freiheit vermögen wir die Kraft zum Guten zu gewinnen; dabei ergreift und trägt uns das Bewußtsein, unsere Freiheit nicht uns selber zu verdanken; der Verstrickung und der Verkehrung habe ich mich nie mit Sicherheit, nie endgültig, nie ganz entwunden. Diese Erfahrungen aber sind keineswegs derart, daß sie in Rechtskategorien und in moralischen Kategorien von Schuld, Verdienst, Strafe, Gnade angemessen ausgesprochen werden. Durch das Alte Testament geht diese Auffassung, sie setzt sich fort im christlichen Gnadengedanken. Was einst mehr in rationalem Nachrechnen bestand, wird ein totales, irrationales Erlöstsein. Das mythische Sprechen von Gott als Richter, der verwirft und vergibt, hat wie alles Mythische gelegentlich einen Sinn und eine Wahrheit. Aber es ist ein Kampf innerhalb des Mythischen mit mythischen Vorstellungen, wenn gegen die Rechtfertigung durch den Glauben, gegen die Gnadenvorstellung gedacht wird, mit Vorstellungen des transzendenten Seins als einer gegensatzlosen Ineinsfassung des Getrennten, eines Wesens, das in unendlicher Weisheit auch das Böse noch einschließt, – und wenn dann in den Vorstellungen des Origenes die ewigen Höllenstrafen verschwinden, wenn er mit einer an Asien erinnernden momentanen Tiefe alles Vordergründliche überschreitet. In diesem Vordergründlichen, in Situationen eines an die Leibhaftigkeiten gefesselten Denkens, mag die Vorstellung der ewigen Hölle wieder ihren beschränkten Sinn haben. Aber allen diesen Vorstellungen gegenüber gilt für mich als Menschen: wirkliche Verzeihung kenne ich nur seitens eines Menschen, dem ich Unrecht getan habe; an sich untilgbare Schuld kann ich nur übernehmen durch den Versuch im guten Handeln.

Wer übersinnliche Gnade in der Vergebung der Sünde erfährt, mag auch in diesem Mythus Wahrheit sagen. Der Gnadengedanke könnte dann eine leise Überzeugungskraft haben, wenn die an diese Rechtfertigung Glaubenden solche Menschen wären, die offenbar als sittlich verläßliche, heilig lebende, durch ihre Seele strahlende und beglückende Menschen vor den anderen den Vorrang hätten. Was gleichsam physiognomisch der Umwelt sichtbar wird, darf als ein Teil der Folgen einer bestimmten mythischen Denkweise, in unserem Falle etwa der lutherischen Neuformung paulinischer Gedankenlehren beobachtet werden (dafür lehrreich das Material in Janssens Geschichte des deutschen Volkes, zwar katholisch parteilich, aber ein Beispiel, wie man vom Gegner belehrt werden kann).

Dies zu unserer Differenz wegen des eingeborenen Adels. Die andere Differenz bezüglich des »Anstoßes« betrifft die Objektivität und den daraus entspringenden Absolutheitsanspruch.

2. Sie vermuten, daß ich den Anstoß im christlichen Glauben, den Ihre Entmythologisierung zur Geltung bringen will, nicht verstanden habe. Der Anstoß (skandalon) scheint einen zweifachen Sinn in Ihren Sätzen zu haben: einmal den Sinn des Anstoßes daran, daß ich als Mensch mich in meiner Nichtigkeit wissen soll, oder daran, daß ich ich selbst nur sein kann, wenn ich mir geschenkt werde (davon war eben die Rede), und zweitens den Sinn des Anstoßes daran, daß ich in der Geschichte nur hier, anhebend in Palästina vor bald zweitausend Jahren, durch Gottes Wort angeredet werde, und zwar durch das Wort, das den absoluten Anspruch macht. Es ist zwar wirklich nur als Ereignis im Glaubenden, hat aber Objektivität in der Verkündigung.

Sie sagen, daß ich Ihre Intention ignoriere, die Sie bei Ihrer Entmythologisierung im Sinn haben, nämlich die Ausschaltung der objektiven Fixierung. Ich würde mit Ihnen, meinen Sie, übereinstimmen, wenn ich das begriffen hätte. Dagegen frage ich, wie diese Aufhebung der Objektivierung bei Ihnen geschieht.

Sie kämpfen gegen die Offenbarung als Offenbartheit, gegen die Fixierung eines Offenbarungsinhalts im Dogma zugunsten des Offenbarungsgeschehens als Ereignis. Dieses ist gegenwärtig im verkündigten Wort verkündigender Menschen, als eschatologisches Geschehen, das, in der historischen Person Jesu anhebend, bis heute fortdauert. Es darf »nicht als ein vor etwa 1950 Jahren passiertes Mirakel« verstanden werden.

Ich gestehe, daß ich solche Sätze in Ihrem Sinn bisher nicht verstehen kann. Zunächst denkt die überwältigende Masse christlicher Dogmatik, wie mir scheint, nicht so (das wäre nur ein historisches, kein sachliches Gegenargument). Vor allem aber bleibt in Ihrem Denken, wie mir scheint, doch gerade dieses Eine als durchaus Objektives, daß nämlich der Anruf Gottes zur Entscheidung, die Begegnung doch auf dem Wege über jenes Mirakel vor etwa 1950 Jahren geschieht. Die Offenbarung, die Sie nur jeweils als Ereignis gelten lassen, als das Zusprechen Gottes »als meines Gottes, der hier und jetzt zu mir spricht durch den Mund von Menschen«, ist gebunden an eine Tradition und an deren »Gestalt und Geschichte«, die »die Legitimation des Zusprechens« gibt. Das heißt doch: dieser Zuspruch Gottes ist gebunden an das Wort des Neuen Testaments, also an eine durchaus fixierte Objektivität.

Das ist offenbar etwas ganz anderes als alles, was mir im Philosophieren, was mir als Menschen durch unmittelbaren, nicht vermittelten Bezug zur Gottheit in meiner Vernunft und Freiheit zugänglich ist. Es muß von außen in der Welt zu mir gelangen. Ich muß es durch die bestimmte Objektivität als Gottes Wort hören.

Soweit ich verstehen kann, steht das im Widerspruch zu Ihrer Absicht der Aufhebung objektiver Fixierung. Mir scheint, daß ich dazu gegen Sie in Anspruch nehmen darf den letzten Sinn der Forderung des allgemeinen Priestertums im protestantischen Denken: Der Mensch ist in seinem Verhältnis zur Gottheit an keinen Mittler gebunden, also auch an keinen Mittler der Verkündigung des Wortes.

Nur daraus, daß Sie eine fixierte Objektivität anerkennen, kann ich verstehen, daß Sie sagen, die Verkündigung verlange Entscheidung, nämlich in dem Sinne, daß in der Verkündigung der »Absolutheitsanspruch des christlichen Glaubens« liege. Dieser Absolutheitsanspruch, sagen Sie, »kann nur – aber ... er muß auch – vom Glaubenden jeweils erhoben werden ... als Antwort auf das anredende Wort ... Und diese Antwort lautet: Herr, wohin sollen wir gehen? Du hast Worte des ewigen Lebens (Joh. 6,68)«.

Ich muß gestehen, daß ich wiederum nicht verstehe. Ich frage: Entscheidung wofür? Für Christus, für jenes vor 1950 Jahren begonnene Heilsgeschehen? Darin sehe ich keine Entscheidung. Ich bin mir bewußt, im Zusammenhang biblischen Denkens zu leben, darin geboren zu sein und zu atmen, weil ich Abendländer bin, ob Jude, Katholik oder Protestant. Ich halte mich für einen Protestanten, gehöre einer Gemeinde an und habe die glückliche protestantische Freiheit, selbst, ohne Mittler, unmittelbar zur Transzendenz, am Leitfaden der Bibel und mit Kant mich des Glaubens zu vergewissern, aus dem ich zu leben meine oder doch leben möchte. Aber nirgends sehe ich da eine Entscheidung. Entscheidung sehe ich in Handlungen des Lebens, in Entschlüssen, denen wir unbeirrbar folgen. Aber das, worin ich mich finde, das, woraus ich glaube, habe ich nie entschieden. Ich leugne alle aussagbaren objektiven Bekenntnisakte. Wenn ich Ihre Antwort wiederholt lese, meine ich, damit Ihnen nur zuzustimmen und muß doch finden, daß wir hier radikal differieren.

Was ist denn, noch einmal formuliert, diese Differenz zwischen uns? Sie liegt in der Herkunft der anscheinend gemeinsamen Grunderfahrung von der Nichtigkeit und dem Sichgeschenktwerden des Menschen. Sie kennen sie nicht, so scheint es, durch den Ursprung, der mir in meiner Freiheit für diese Freiheit als Transzendenz aufgehen kann, nicht in radikaler Unmittelbarkeit zur Gottheit, sondern vermittelt durch eine Verkündigung, die historisch ihren Ort in Raum und Zeit an bestimmter Stelle hat, wo die Offenbarung ihren Anfang nahm und als eschatologisches Geschehen bis heute fortgeht. Ihr gegenüber soll erst die Entscheidung stattfinden, an sie ist sie gebunden.

Ob Sie die in der Natur solcher Auffassung liegende Konsequenz ziehen? so wie Sie vom Wahn des Gottesgedankens ohne Christus geschrieben haben? die Konsequenz dieses Glaubens der Bindung der Entscheidung an die Objektivität der Verkündigung mit dem Absolutheitsanspruch? die Konsequenz dessen, daß dieser Absolutheitsanspruch erhoben werden muß? Nämlich die, daß wir Anderen »arme verlorene Heiden« sind? Sie sprechen das nicht aus. Ich vermute, daß Sie es gar nicht meinen. Aber ist die Konsequenz nicht unumgänglich?

Die Differenz wird durch einige weitere Unterscheidungen vielleicht deutlicher:

»Anstoß« ist auch ein wesentliches Moment philosophischer Mitteilung. Aber Anstoß ist radikal verschieden, je nachdem er gemeint als Anlaß oder als Glaubensvermittlung. Es ist der Unterschied, den Kierkegaard formuliert hat: Sokrates ist für den Andern Anlaß, denn ein Mensch kann dem andern Menschen die Wahrheit des Glaubens nicht geben, sondern nur die Wahrheit, die er verborgen in sich hat, zum Bewußtsein bringen. Christus aber, und er zu jeder Zeit in der Verkündigung durch das Wort, gibt mit der Wahrheit den Glauben selber, d. h. die Gnade, das glauben zu können, was verkündigt wird.

Das Skandalon des Glaubensanspruchs wird durch Sie scheinbar gemäßigt durch die Unterscheidung des Absolutheitsanspruchs des christlichen Glaubens vom Absolutheitsanspruch der christlichen Religion. Den Unterschied kann ich nur so verstehen, daß der Glaubensanspruch doch die Praxis des Religionsanspruchs in der historischen Realität begründet. Vielleicht meinen Sie in diesem Sinne die Unterscheidung eines Inneren von einem Äußeren. Doch die Aussonderung einer unsichtbaren Kirche, einer reinen biblischen Religion, eines Absolutheitsanspruchs des Glaubens, der nur im je Einzelnen Ereignis wird, ist zwar gut als Zeiger. Aber wirklich sind sie alle doch nur in sichtbaren Kirchen, in historisch bestimmten Konfessionen, in der Lebenswirklichkeit des einzelnen Menschen. Jener Zeiger mag jeweils der Anstoß sein, weil Anlaß zu spüren, worauf es ankommt. Dieses Wesentliche aber ist jeweils in die Wirklichkeit zu übersetzen, um überhaupt zu sein. Soweit, meine ich, kann ich verstehen. Jener Zeiger aber ist etwas ganz anderes, wenn er als Skandalon den Glauben christlich und nicht sokratisch vermitteln soll. Wenn Sie das meinen und wenn Sie Ihre Entmythologisierung bezeichnen als »Parallele zur paulinischen Lehre von der Rechtfertigung ohne des Gesetzes Werke allein durch den Glauben«, so kann ich es zwar nicht verstehen, aber es als ein Unverständliches, es umkreisend, bemerken und als identisch wiedererkennen mit dem, was in der Geschichte des Christentums da war und mir als ein ebenso Unverständliches wie Schreckliches bei Luther vorgekommen ist.

Der Unterschied des Anstoßes, den Sie meinen und den ein mögliches Philosophieren meinen kann, ist, wenn ich nicht irre, dieser: durch Sie findet trotz aller Aufhebung der Objektivierungen doch die Bindung an ein objektiv im Wort vorliegendes Historisches auf eine einzige Weise statt, so daß »der Absolutheitsanspruch des christlichen Glaubens« vom Glaubenden jeweils nicht nur »erhoben werden kann, sondern muß«, und zwar »als Antwort auf das anregende Wort, das das Wort Christi ist«. Während demgegenüber die Bindung im Philosophieren als jeweils geschichtliche zwar unbedingt ist im Sichgeschenktwerden der Freiheit durch die Transzendenz –, aber nicht mit einem absoluten Anspruch an alle Anderen. Ihre Glaubenswahrheit tritt durch Verkündigung mit dem Anspruch der Ausschließlichkeit dieser Wahrheit auf. Die philosophische Glaubenswahrheit teilt sich mit durch Wort und Tat, in der Mitteilung zum Anlaß für andere werdend, zu sehen, ob und wie weit sie sich auf ähnlichen Wegen in ihrer eigenen Geschichtlichkeit finden.

Sie glauben, daß Gott selber durch Worte im Neuen Testament die Frage an uns stellt so, daß er sie nur hier stellt und wir sie nur hier hören können. Wenn ich nach dem Kriterium der Wahrheit dieser Offenbarung frage, so meinen Sie, ein solches könne nur im Vergleich mit anderen Offenbarungsansprüchen gefunden werden. Dieser Vergleich aber – zwischen Religionen – sei sinnlos, wo Gott selber spreche. »Die Niederschlagung der Frage nach Kriterien gehört zu dem Anstoß, den die Offenbarung wesenhaft bietet. Als ob sich Gott vor dem Menschen rechtfertigen müßte.« Nein, antworte ich, nicht Gott hat sich zu rechtfertigen, sondern jede Erscheinung in der Welt, die mit dem Anspruch auftritt, Gottes Wort, Gottes Tat, Gottes Offenbarung zu sein. Sie selber sagen, daß alles durch Menschen geht. Anders: Nicht Gott hat sich zu rechtfertigen, sondern Paulus und alle die Folgenden bis Luther und heute. Ich verstehe nicht, wie Sie ein Menschliches für Gottes Wort in dem Sinne ansehen können, daß es keiner Prüfung mehr untersteht. Wo in der Welt ein Anspruch von Menschen im Namen Gottes erhoben wird, da ist das Skandalon. Nicht Gott ist zu prüfen, sondern ob das, was ein Mensch sagt, und wer er ist, mich als Wahrheit anspricht. Und nicht eine hochmütige Eigenwilligkeit verlangt diese Prüfung, sondern Gott selber gibt durch die mir geschenkte und durch seine Verborgenheit ständig bestätigte Freiheit seinen Willen kund (mythisch gesprochen, aber eine Wahrheit, mit der Menschen leben und sterben), nämlich den Willen, daß wir Menschen nicht dulden sollen, daß ein Mensch in Anspruch nimmt, unprüfbare Wahrheit als Gottes Offenbarung an mich zu fordern, Glaubensgehorsam zu verlangen, ohne daß wir widersprechen. Denn es sind immer Menschen.

Ganz anders spricht Gott dort, wo der Mensch im Philosophieren zur Unbedingtheit seines Entschlusses kommt. Die Ruhe solchen Entschlusses bleibt verbunden mit der Ungewißheit, ob Gottes Wille (mythisch gesprochen) getroffen sei. Das Wort »Gewissens Stimme ist Gottes Stimme« gilt nicht schlechthin, auch das Gewissen kann täuschen. Nirgends ist Gottes direkte Stimme, immer bleibt, was ich weiß und tue in der Mehrdeutigkeit. Die Ruhe bedeutet nur, daß, wenn ich mit reinem Willen nach Kräften ohne Selbstbetrug verfahre, dann Gott selbst mich nicht verwirft (immer mythisch gesprochen). Niemals habe ich ein Recht, in der Welt mich für ein Tun und Reden auf Gott zu berufen, für mich in Anspruch zu nehmen: »Gott will es«, dem Feinde aber, ja dem Teufel dieses abzusprechen. Der Gottesgedanke, aus dem ich vielleicht lebe, den Sie für einen Wahn halten, hat eine mächtige Gewalt. Der Gedanke ist zur Stelle, wo immer es ernst wird, Gott aber bleibt in Verborgenheit. Schon der Gedanke aber scheint eine wundersame Leidenschaft zu bewirken. Er löst Empörung aus gegen Gotteslästerung, die überall dort wahrzunehmen ist, wo Gott als Gott für Parteien, Völker, Kirchen und die eigenen noch so großartigen Interessen in Anspruch genommen wird beim Kampfe gegen Andere in weltlichen Zusammenhängen. Man kann die törichte Frage stellen und bezeugt wahrscheinlich damit sein eigenes, unverschuldetes totales Unverständnis, ob wohl ein frommer Christ Jesus wirklich für Gott gehalten habe, wenn sein Glaube ausdrücklich und ganz klar vor die Alternative gestellt war (trotz aller Dogmatik von Menschwerdung, Inkarnation und Trinität), und ob er das nicht stets in einem mythischen Sinne meinte. Ein philosophierender Mensch sieht – gegen die kritisch-historische Skepsis – die Wirklichkeit des Menschen Jesus und in dem Glauben Jesu die gleiche Ruhe im Entschluß, wie der philosophische Glaube sie sucht, und die gleiche Ungewißheit in bezug auf Gottes Willen, wie der philosophische Glaube sie erfährt. Er sieht in Jesus, einem Menschen, das Fragen an Gott und das Sichfügen in Gott, das Ringen um den Weg zu ihm, nämlich wie es Gott meine, während er schon bei Gott geborgen ist. Er sieht in Jesus den für immer unter sein Maß stellenden Durchbruch durch alle menschlich anspruchsvollen Verfestigungen, eine Wahrhaftigkeit und Liebe, die keine Grenzen mehr kannte, einen der großen Menschen, die für das Philosophieren seither bestimmend sind. Aber nirgends ist das direkte Wort Gottes. Dieser Jesus allerdings ist nur bei den Synoptikern unter den Überlagerungen zu sehen, gar nicht im Johannesevangelium.

Zum Abschluß der Erörterung über Anstoß, Entscheidung, Objektivität und Ausschließlichkeitsanspruch möchte ich ausdrücklich sagen: Der Sinn meiner Darlegungen, dieser und der folgenden, ist nicht Eingriff in die theologische Diskussion, sondern Angabe von Aspekten, die sich von einem möglichen Philosophieren her zeigen. Dabei aber wollte ich Motive dieses Philosophierens selbst zur Geltung bringen.

Meine Voraussetzung ist: Niemand besitzt die eine Wahrheit für alle. Niemand steht außerhalb auf einem Standpunkt, von dem her er alle Wahrheiten überblicken, vergleichen und abschätzen könnte. Jeder von uns steht vielmehr darin. Unser Leben steht auch in einem ständigen geistigen Kampf, in anscheinend unaufhebbaren Gegnerschaften. Aber wir durchschauen sie nicht, sondern machen uns Aspekte der Fronten, um so klar wie möglich zu wissen, was wir wollen.

Aus dieser Voraussetzung folgt erstens die Verwerfung des Ausschließlichkeitsanspruchs, zweitens das Begehren nach dem Gegner, der die Wahrheit zeigt, in der er lebt.

Daher begehrt der Philosophierende nicht, daß alle ihm folgen, sondern er begehrt, daß etwa der Offenbarungsglaube da sei und die anderen Momente religiösen Lebens – in Gemeinde, Kultus, Mythos, in Riten und Festen –, und er begehrt die möglichste Kraft ihrer Sprache.

Auch den Ausschließlichkeitsanspruch muß er absolut nur dort verneinen, wo er im Dasein Folgen von Zwang und Intoleranz zeigt. Dann geht der praktische Kampf gegenseitig gegen politische Gewaltansprüche, die die Vernichtung eines Gegners wünschen. Der Ausschließlichkeitsanspruch jedoch, der diese Daseinskonsequenzen nicht zieht (was auf die Dauer ihm nach historischer Erfahrung offenbar sehr schwer ist) ist eine Wirklichkeit, die der Philosophierende nicht wegwünschen kann, dorthin Fragen richtend und die abgebrochene Kommunikation zu erneuern trachtend. Denn er kennt nicht die eine Wahrheit als absolute, sondern nur die Unbedingtheit des eigenen Entschlusses in der Praxis seines in seiner Kontinuität sich bindenden Lebens. Diese zur Helle und damit Entschiedenheit zu bringen, dient der geistige Kampf in der Welt unaufhebbar verschiedener Wahrheitsursprünge, deren einer Grund sich allein dadurch zeigt, daß sie alle aufeinander Bezug haben und sich angehen. Der Ruhe im Entschluß des je einzelnen geschichtlich sich gründenden Lebens entspricht die Unruhe im objektiven Wissen, die horchen läßt auf das, was der Gegner sagt.

Nun aber wage ich mich einen Augenblick in die Erörterung eines ganz anderen Sinns des neutestamentlichen Skandalon. Durch das Mythische selber den Mythus klärend, würde ich den Anstoß (Skandalon) am Anspruch im Glauben an die Rechtfertigung und die Erlösung von der Sünde für geringfügig halten gegenüber dem Skandalon, daß Jesu, der Gottgesandte, den schmachvollsten und schmerzreichsten Tod erlitt. Dieses Skandalon, in der Vereinigung historischer Realität des Sterbens eines Menschen (wie grauenvoll im Vergleich zu Sokrates!) mit dem Mythus des darin sich opfernden Gottes, ist ungeheuer. Dieses Skandalon scheint bei Ihrem Anstoß, den Sie bei der Entmythologisierung als unmythische Offenbarung im Auge haben, keine Rolle zu spielen. Auf dieses Skandalon aber würde ich hören können, während jenes Skandalon des Glaubensanspruchs mir nicht einmal zum Anstoß wird, sondern als fremdes merkwürdiges Moment paulinisch-lutherischer Theologie mich nicht angeht. Der Gekreuzigte aber ist Realität und Mythus zugleich. Dibelius sagte wohl »der Gehenkte«, um den durch die Umformung christlicher Gesinnung entstandenen falschen Glanz im Worte »Kreuz« rückgängig zu machen. Der furchtbarste Schmerz, die schrecklichste Ungerechtigkeit, das schuldlose Untergehen in Knechts- und Verbrechergestalt, dies Bestehen auf der Wirklichkeit des grenzenlosen Leidens hat in all unser menschliches Leidenmüssen und Leidenkönnen einen erhellenden Schein geworfen, der uns vor stoischer Apathie bewahren kann. Dieser Anstoß ist es – neben dem des Sichgeschenktwerdens und Nicht-sich-selbst-Verdankens –, der heute, soweit mein Verstehen reicht, noch echt sein kann. Wir wehren und beugen uns. Und alles wird anders in der Welt für den, dem dieser Mythus Sprache gewann. Es scheint mir, daß Sie einen unwahren Anstoß verkünden und einen wahren Anstoß nicht mit Entschiedenheit zur Geltung bringen.

3. Wenn ich sage, Sie hätten mit Ihrer Entmythologisierung das Ziel, ein Minimum des Glaubens, nämlich »die Rechtfertigung ohne des Gesetzes Werke allein durch den Glauben« aufrecht zu erhalten, so antworten Sie: es handle sich nicht um ein mehr oder weniger von Glaubenssätzen, sondern darum, was christlicher Glaube sei. Dieser aber führe vor die Entscheidungsfrage.

Ich meinte, dies sei trotz allem ein Minimum, ob quantitativ oder qualitativ, und es sei für einen philosophischen Glauben nicht anzueignen, sofern es in Bindung an ein durch Christus in Gang gebrachtes Heilsgeschehen gemeint ist. Der Hauptgrund meiner Abwehr aber war, daß bei diesem Verfahren die Fülle religiöser Wirklichkeit, die Sprache der Chiffren verloren geht. Ich plädierte für die mythischen Sprechweisen, in denen wirklichere und wirksamere Wahrheit sich ankündigt als in allem realistischen Wissen.

Man fragt, was Mythus sei, was mythisch heiße. Es ist das Sprechen in Bildern, Anschaulichkeiten, Vorstellungen, in Gestalten und Ereignissen, die übersinnliche Bedeutung haben. Dieses Übersinnliche aber ist allein in diesen Bildern selber gegenwärtig, nicht so, daß die Bilder interpretiert werden könnten durch Aufzeigen ihrer Bedeutung. Eine Übersetzung in bloße Gedanken läßt die eigentliche Bedeutung des Mythus verschwinden. Weiter haben die Chiffren der Mythen diese Bedeutungen nicht als beliebige, sondern als solche von existentiellem Gewicht, im Unterschied von empirischen Realitäten, die übereinstimmend für das Bewußtsein überhaupt bestehen. Schließlich gehen uns Mythen an nicht zuerst als Gegenstand historischer Forschung, sondern als gegenwärtige, mir selbst erlaubte und gerechtfertigte und mögliche.

Wird dem Mythus die Offenbarung gegenübergestellt, so sehe ich in dieser Unterscheidung nur eine solche innerhalb des Mythischen selber. Auch die Offenbarung spricht in einer Welt von Chiffren einer unerhörten übersinnlichen Wirklichkeit.

Für diese Welt gegenwärtig und ewig glaubwürdiger Mythik gilt nicht Ihr Satz: Mythisches Denken sei ebenso objektivierend wie wissenschaftliches, wenn es z. B. die Transzendenz Gottes als räumliche Entfernung, die unheimliche Macht des Bösen als Satan fasse. Daher, meinen Sie, sei die Aufgabe der Entmythologisierung gestellt. Ich antworte: Es ist eine völlig andere Objektivierung als die in der Wissenschaft. Denn es handelt sich nicht um empirische Realität im Sinn der Erforschbarkeit in der Welt. Im Mythus handelt es sich um Wirklichkeit, in deren Vorstellung empirische Realität und übersinnliche Wirklichkeit ursprünglich nicht bewußt getrennt werden. Wo aber übersinnliche Wirklichkeit nur als handgreifliche empirische Realität genommen wird, da ist nicht mehr mythisches Denken, sondern »Materialismus« maßgebend, der übereinstimmend zu allen Zeiten in seinen verschiedenen Gestalten auftritt. Wird aber der Unterschied bewußt, so wird die empirische Realität als solche preisgegeben, ohne darin die Sprache der Wirklichkeit und ihre Kraft verlieren zu müssen. Das unklare Schwanken zwischen Realität und Bedeutung hört dann auf. Aber das dann hell werdende Leben mit den Chiffren des Mythus rechtfertigt sich philosophisch durch Bewußtmachung ihres Erkenntnissinns in der Schwebe.

Sie billigen nicht die mythische Vorstellung der Transzendenz Gottes durch räumliche Ferne, nicht das mythische Weltbild von oben und unten (Himmel und Hölle). Sie meinen doch nicht, daß die Leibhaftigkeit von oben und unten, Nähe und Ferne durch irgendeine wissenschaftliche Erkenntnis aufgehoben und in ein sogenanntes psychologisches Phänomen verwandelt und darin erschöpft sei? Diese Leibhaftigkeiten, in denen wir leben, haben eine außerordentliche Symbolhaftigkeit. Vor Jahrzehnten hörte ich von einem Arzt, der seine Frau, die im Sterben war, fragte: was denkst du vom Tode? Sie antwortete: Mariä Himmelfahrt. Darf man denken, sie habe gemeint, eine Seele fliege zuerst in die Luft nach oben, dann zum Kreise des Mondes und schließlich gelange sie an einen Ort, den die Astronomen einst finden? Das wäre jederzeit für einen denkenden Menschen ein Unsinn, aber die Vorstellung kann wahrer sein, weil von einem anderen Wahrheitscharakter als reale Erkenntnisse vom Sonnensystem und Weltall. Und sie ist gebunden an das Oben und Unten, an Himmel und Erde.

Da es sich nun nicht um objektive Realität der empirischen Welt handelt, muß diese ausdrücklich im mythischen Denken zusammenbrechen. Wie metaphysische Visionen des Gedankens ihre Wahrheit nur haben – und bei allen großen Metaphysikern dadurch hatten –, wenn sie logisch in Tautologie, Zirkel und Widerspruch gegenständlich scheitern, so mythische Vorstellungen, indem sie ihrer empirischen Realität entkleidet werden. Wie jene aber im Vollzug einen Augenblick sich bewegen, als ob der Gedanke etwas Objektives habe, so hier die mythischen Vorstellungen so, als ob ihr Inhalt einen Augenblick sinnliche Realität hätte.

Sie nennen Chiffre abfällig ein Zauberwort, mit dem »das hermeneutische Problem niedergeschlagen« werde. Sie fragen: Chiffre wofür? Die Antwort ist, Chiffre besage in diesem Zusammenhange, daß durch sie wirklich in mein Bewußtsein trete, was auf keine andere Weise Sprache habe. Aber »Sprache« selber sei hier nur ein Gleichnis (was ich unter Chiffren verstehe, ist ausführlich im dritten Band meiner »Philosophie« dargelegt). Diese Antwort scheint Ihnen nichtssagend. Damit sei die Aufgabe der Interpretation angedeutet, aber keineswegs erledigt. Nein, sage ich, hier ist gar keine Aufgabe der Interpretation. Interpretieren wollen wir gemeinten Sinn, so weit es geht.

Aber Interpretation ist zum Laster geworden. Man muß einfach hören, auf einen Schlag, man muß sich bewegen in der Welt der Chiffren, wie in Märchenerzählungen. Interpretation ruiniert dort, wo sie nicht selber im Verstehen Aneignung und dann neues echtes Sprechen in Chiffren ist. In die Welt der Chiffren treten wir ein, wenn wir zunächst in der Unverbindlichkeit des Ergriffenwerdens die Bereitschaft gewinnen, so daß plötzlich eine Chiffre in konkreter Situation das Signum einer sonst unaussagbaren übersinnlichen Wirklichkeit wird.

Ich schrieb, in der Welt der Chiffren, also des Mythischen, finde ein ständiges Ringen statt. Sie vermissen Beispiele in meinem Vortrag. In diesem Ringen sei zu prüfen, sagte ich, durch den Ernst der existentiellen Wirklichkeit, oder im Blick auf die Wahrheit, die dem Mythus in der Wirklichkeit des Lebens entspringt. Solchen »vagen Aussagen« erwidern Sie mit der Frage: »Wie macht man das?«

Auf diese Frage antworte ich: Sie ist wie die Frage nach einem Rezept. Das, worum es sich hier handelt, ist überhaupt nicht zu machen. Es ist, als ob Sie etwa nach existenzphilosophischen Erhellungen des liebenden Kampfes in der Kommunikation, oder als ob Sie nach einem Hymnus auf die Liebe antworten wollten: wie macht man das? Wenn Sie mir diese Frage stellen, ist es gewiß nicht bös gemeint, aber es ist unter der trockenen Voraussetzung gesprochen, daß, was in der Frage der Entmythologisierung zu sagen sei, auf dem Boden eines wissenschaftlichen Seminars stattfinde, in dem man Methoden angibt und übt, durch die jedermanns Verstand gewisse Dinge begreifen und lernen kann.

Wie macht man das? Diese Frage in bezug auf das Ringen im Mythischen wäre zu beantworten (aber wegen des Wortes »machen« blasphemisch) durch Hinweis auf Erscheinungen, wie die Verwandlungen des Sinns der Götter in Äschylos' Eumeniden oder im Prometheus, oder auf den Kampf des Gottesgedankens mit der Magie seit den Propheten, oder auf die Verwandlung der Erscheinung Gottes bis zum leisen Rauschen des Windes. Ein Kampf in den mythischen Vorstellungen scheint mir auch zwischen Ihnen und Ihren Gegnern in der Frage der »Rechtfertigung allein durch den Glauben«. Ihr Gegner versteht diesen Mythus, wie so viele andere, nur von fern, nicht ganz, aber, soweit er versteht, weiß er sich abgestoßen, weil er ihm nichts ihm Wesentliches erleuchtet und ihn beim Nachfolgen auf Wege führt, die er sogleich als solche spürt, die er nicht gehen soll. Es ist so, wie in einem ganz anderen Feld mythischen Denkens bei Fichte, wenn er in den Reden an die deutsche Nation seinen Mythus vom Urvolk der Deutschen und die Konsequenzen dessen entwirft. In dem Ganzen der hinreißenden Gedankenbilder mag ein Leser, zumal ein Jüngling, folgen, sich tief bewegt finden, bis er plötzlich etwas merkt, als ob der Teufel ihn verführt hätte; und zwar spürt er das an der Weise seines Pathos selber. Sie sehen, daß sich über ein Ringen im Mythischen nur reden läßt, wenn entweder ein Dichterphilosoph geradezu durch Gestalten und Worte uns erleuchtet, oder wenn ein denkender Philosoph in konkreten Zusammenhängen von solchen Erscheinungen ausführlich darlegend und vergegenwärtigend spricht. Kurz läßt sich darüber nichts sagen.

Sie fragen, was denn in den Verwandlungen des Mythischen gleichbleibend sei. Das läßt sich nur formal sagen: das Übersinnliche im Sinnlichen. Was das Eine sei, zeigt keine Vorstellung und kein Gedanke. In den Verwandlungen aber leben wir alle, mehr oder weniger. Verwandelt werden die Kleider, aber so, daß mit ihrer Verwandlung auch der Sinn, der sie trägt, eine Modifikation erfährt. Zuweilen ist ein solcher Kern des Außerordentlichen da, so in Jahwes Wort: ich bin, der ich bin. Aber alle Abwandlungen der Auffassung lassen das Ganze des Übersinnlichen im Mythischen nicht übersehbar und nicht als das eine Gleichbleibende erkennbar werden.

Nun ist aber wesentlich, daß das mythische Denken nicht etwa darum zu retten ist, weil in ihm das Absolute zum Besitz würde. Im Gegenteil, diese gesamte Sprache hat einen schwebenden Charakter derart, daß mögliche Existenz in konkreter Situation vielleicht eine mythische Chiffre als entsprechend vor Augen hat. Goethes Wort, als Naturforscher sei er Pantheist, als Dichter Polytheist, und wenn die sittliche Persönlichkeit in Frage komme, so sei auch dafür gesorgt, spricht auf das Einfachste aus, wie wir im Raum der Möglichkeiten leben können, aus dem im Augenblick erst wirklich wird, was dann durch die

Sprache des Mythus sich selbst hell wird, und darin sich bestätigt.

Wegen der Schwebe, darum wegen der Unwahrheit, die aller Wahrheit des Mythischen anhängt und jedesmal bei einer Verabsolutierung durchbricht, ist zum Schluß solcher Erörterungen mit der größten Entschiedenheit zu sagen: das gesamte mythische wie das spekulative Denken wird aufgehoben durch den unerbittlichen Anspruch: du sollst dir kein Bildnis noch Gleichnis machen. Da wir als endliche, sinnliche Vernunftwesen gar nicht anders können als gegenständlich und an anschaulichen Leitfäden zu denken, kann das nur bedeuten: wir sollen keine Denkbarkeit, keine mythische Gestalt, keine Vorstellung von Ereignissen und Wesenheiten absolut setzen. Immer ist es der unübersehbar reiche Vordergrund der Sprache der Transzendenz, die uns auf vielen Stufen für mannigfachen Sinn, in zahlreichen Richtungen Helligkeit bringt. Nie ist es die Transzendenz selbst. Der Ernst des Gottesgedankens verlangt erst die Schwebe und dann die Aufhebung aller Sprachen, aber dadurch, daß wir sie vollziehen. Im Augenblick, der Ewigkeit ist, überwinden wir sie in das inkommunikable Bildlose. Der Seelsorger, denke ich, der in lebendigem Glauben wirkt, wird keine Stufe vergessen, alle in der Schwebe halten und an den einen einzigen inkommunikablen Punkt oder die Unendlichkeit binden.

Wenn ich versuche, Ihre Darlegungen über die Rechtfertigung durch den Glauben, zumal in Ihren Büchern, mit Verzicht auf eigene Motive zu lesen, so scheint es mir, als ob ich Sie in einer fremden Sprache höre und doch auch auf Wegen finde, die ich zu gehen meine. Dann scheint es mir, daß Sie in jener Bildlosigkeit zu Hause seien und diese nur auf ganz andere Weise zur Geltung bringen, als ich es verstehen kann. Aber ich wage nicht, dies zu behaupten, weil es angesichts der tatsächlichen Formulierungen absurd scheinen kann.

4. Ein Leser unserer Diskussion kann sagen: Da handelt es sich um Dinge, in denen keine Entscheidung möglich ist. Ja, es ist nicht einmal möglich, daß die Gegner gegenseitig eindeutig verstehen, was sie meinen. Daher ist die Frage sinnvoll: was

118

setzen wir in unserer Polemik voraus? wo ist der gemeinsame Boden, ohne den ein Miteinandersprechen gar nicht möglich ist? Die Antwort lautet bei Ihnen wie bei mir: Dieser Boden ist das Verstehen. Verstehen als Methode und Wirklichkeit muß auch die verbinden können, die in der Sache Gegner sind. Über das Verstehen zu sprechen, bedeutet daher die Vergewisserung der gemeinsamen Methode. Hier sollte am ehesten eine Einmütigkeit möglich sein, die die Differenz im Inhaltlichen nicht ausschließt.

Nun sind wir auch in diesem Punkte nicht einig: Da ich »trotz der langen Ausführungen über das Verstehen« nach Ihrer Meinung das Problem des Verstehens nicht erfaßt habe, fragen Sie, wie ich denn Texte interpretiere und ihren Sinn aneigne.

Eine wissenschaftlich diskutierbare Frage ist gewiß die nach der »Richtigkeit« des Verstehens von Texten. Richtigkeit bedeutet, daß der Verstehende den vom Verfasser des Textes gemeinten Sinn trifft. Wissenschaftlich wird der »Tatbestand« gesucht, d. h. das, was der Verfasser des Textes sagen wollte. Sie kennen die Verfahren aus Ihrer Forschungspraxis viel besser als ich. Sie fügen in bezug auf die hier erstrebte Richtigkeit hinzu »soweit das erreichbar ist«. Es handelt sich um eine zwar unabschließbare Aufgabe, deren weitgehende Erfüllung mit den raffiniert entwickelten Methoden kritischer Interpretation an den griechischen und lateinischen Klassikern gewonnen und auf die biblischen Texte übertragen wurde (hier grundsätzlich klar schon bei Spinoza). Ich meine so weit mit Ihnen einig zu sein.

Nun liegt aber beim Verstehen von Sinn eine grundsätzlich andere Schwierigkeit vor als beim sinnlichen Wahrnehmen der Dinge. Das Verstehen ist unabschließbar nicht nur wegen der Unendlichkeit des Forschungsgegenstandes, sondern wegen der Natur der Sache, die verstanden wird. Denn sie setzt im Verstehenden etwas voraus, was offenbar nicht in der Weise allen Menschen gemeinsam zukommt wie die sinnliche Wahrnehmung und der rationale Verstand. Ob der gemeinte Sinn eine mathematische Erkenntnis, eine Naturbeobachtung, eine Auffassung politischer Kausalzusammenhänge, eine mythische Vision oder ein Glaubensgehalt ist, das verlangt jedes Mal andere Voraussetzungen im Verstehenden. Ob die Voraussetzung durch Arbeit des Verstandes, durch ein einfaches Lernen, erworben werden kann, oder ob die Voraussetzungen in der Existenz des Menschen liegen, das hat eine radikal andere Weise des Verstehens zur Folge. Wenn der alte Satz: Gleiches wird nur durch Gleiches erkannt, absolut gelten würde, so wäre der Bereich des Verstehens auf den Seinsbereich des Verstehenden, auf das, was er selber ist, beschränkt. Wenn es aber auch ein Verstehen dessen gibt, was ich nicht selber bin, wozu aber die Möglichkeiten im Menschen als Menschen liegen, wenn ich »Cäsar verstehen kann, ohne Cäsar zu sein«, so wäre der Bereich des Verstehens unbeschränkt. Das Sichhineinleben in die Sache würde als ein Erfahren in der Möglichkeit stattfinden ohne Verwandeln meiner selbst. Es kann nun kein Zweifel sein an der virtuosen Begabung des Verstehens bei großen Verstehenden, die selber keine Spur von dem zu sein scheinen, was sie verstehen. Für dieses Verstehen ist an die unübertroffenen, heute weitgehend vergessenen Studien von Boeckh, Droysen, Dilthey, Simmel und vor allem Max Weber zu erinnern und an die ganze Welt der Hermeneutik, die Joachim Wach in seinem Werk über das Verstehen historisch reproduziert hat.

Das durch eine große wissenschaftliche Überlieferung begründete »Verstehen« ist nun heute verwirrt worden durch eine neue Sprechweise, die sich unmerklich eingebürgert hat, wie mir scheint durch Theologen veranlaßt. Es ist ein doppelter Sinn im Gebrauch des Wortes »Verstehen«! Um diese Doppelheit ausdrücklich zu treffen, unterschied ich das »ursprüngliche Verstehen« vom »Verstehen des Verstandenen«. Ich brauchte diese Worte nicht gern. Es geschah in Anpassung an die gegenwärtige Gewohnheit.

Das »ursprüngliche Verstehen« heißt das gesamte Auffassen des denkenden Bewußtseins, dem gegenüber das, was sonst Verstehen hieß, nun »Verstehen des Verstandenen« heißen muß. Cäsar verstand die römische Republik, die Weltlage und das zu Schaffende in einem, als er den Rubikon überschritt. Was er selbst davon aussprach, war selber auf das verstandene Ziel hin als ein Faktor des Geschehens in der Öffentlichkeit gemeint. Die Historiker aber haben die unendliche und unabschließbare Aufgabe, zu verstehen, was er verstanden hat. Während das ursprüngliche Verstehen vielmehr Ergreifen und Hervorbringen von Sinn, Verwirklichung, Dabeisein, Identität des Menschen mit dem ist, was er auffassend tut, ist das Verstehen dieses Verstandenen sekundär, unverbindlich, im Raum des Möglichen, ohne Entscheidung, Ursprung einer Welt der Sinnorientierung, unerläßlich als Bedingung der Freiheit, Klarheit, Fülle, an sich noch nicht Wirkliches.

Wenn der radikale Unterschied von ursprünglichem Verstehen und Verstehen des Verstandenen gilt, so gewinnt folgende Frage einen deutlicheren Sinn: Wo ist die Grenze des wissenschaftlich »richtigen« Verstehens des Verstandenen?

Es ist klar, daß es nicht mehr im Bereich des Tatsächlichen des einst gemeinten Sinns liegt, wenn aus der Natur der Sache des ursprünglich Verstandenen heraus diese erweitert und entwickelt wird. Man kann aus Gedanken, die tatsächlich damals nicht gezogenen Konsequenzen ableiten. Man kann unterscheiden, wie es richtig hätte gemeint werden sollen. Man kann gemeinten Gehalt als wahr und gut aneignen, oder als unwahr und schlecht verwerfen oder als fremde Möglichkeit in der Schwebe lassen.

Dieser Umgang mit den verstandenen Sachen geschieht notwendig aus dem Interesse, das zur Beschäftigung mit dem Vergangenen führt. Er ist so verschieden, wie die Art dieses Interesses. Es ist aber klar, daß dieses Interesse am einst Gemeinten ständig über das damals wirklich Gemeinte hinausgeht (oder oft auch: es gar nicht erreicht).

Wenn aber die Grenze des historisch Richtigen faktisch unbestimmt bleibt, so ist das Richtige, als »historisch richtig« im Unterschied von »sachlich richtig«, doch das methodisch gesuchte Ziel der Forschung. Und wenn auf diesem Wege historisch Richtiges erreicht wird, so ist ebenso klar, daß historische Richtigkeit des Verstehens nichts ausmacht über die Richtigkeit der Sache des Verstandenen.

Nun machen leider solche Darlegungen die Sache zu einfach. Denn das Verstehen des Verstandenen richtet sich auf so außerordentlich verschiedene Dinge wie mathematische Richtigkeiten, Naturbeobachtungen, philosophische Spekulationen, mythische Visionen und so fort. Die Voraussetzungen im Verstehenden, die Methoden und Begründungen beim Verstehen, die motivierenden Interessen des Forschers sind gar nicht derselben Art.

Es scheint, daß man wissenschaftlich diskutieren kann und auch Ergebnisse erzielt über die Richtigkeit eines Verstehens des Verstandenen. Darauf gründet sich die historische Wissenschaft. Ist es auch möglich, über die Grundformen des »ursprünglichen Verstehens« zu einer gemeinschaftlichen Einsicht zu kommen?

Sie zitieren meinen Satz: »Es gibt nichts anderes als Verstehen ... Verstehen ist die Weise der Gegenwart des Seins, das wir sind.« So habe ich in Anpassung an das heutige Sprechen geschrieben. Dieses ursprüngliche Verstehen ist (ohne dafür dieses Wort zu brauchen) seinen Formen und Gehalten nach durch Kant (unter dem Namen der Vermögen der menschlichen Vernunft oder des Gemüts) und durch Hegel (unter dem Namen der Erscheinungen des Geistes) und durch andere vergegenwärtigt. Bisher unübertroffen scheint mir die Einfachheit der Grundlinien und die Fülle des Reichtums der Möglichkeiten erhellt zu sein bei Kant und Hegel, unter sich allerdings radikal verschieden.

5. Die Erhellung der Formen ursprünglichen Verstehens ist nun etwas völlig anderes als die Erhellung der möglichen Existenz. Es ist ein radikaler Unterschied, ob ich die Formen des Gegenständlichen, die Formen der Daseinsbezüge zur Umwelt, die unumgänglichen Formen möglicher Existenz (Kategorien der Freiheit) erhelle, oder ob ich von der Nichtigkeit des Menschen, dem Sichgeschenktwerden, dem eingeborenen Adel spreche. Um diesen Unterschied zu verstehen, bedarf es der Entwicklung des Gebiets der Philosophie, das man philosophische Logik oder Transzendentalphilosophie genannt hat. Für die Wahrhaftigkeit des Philosophierens sehe ich die Scheidung dieses uns in eine logische Gemeinschaft bringenden Denkens von dem uns in der Kommunikation zugleich trennenden existenzerhellenden Appellierens als unerläßlich an. Wenn

die Grundformen in unserem Dasein, unserem Geiste, unserer möglichen Existenz, unserem Bewußtsein überhaupt erörtert werden, so handelt es sich um jenes Gebiet der Philosophie, in dem, anders als in bezug auf Glaubensgehalte, vielleicht rationale Diskussion und Einigung möglich ist. Doch solche Einmütigkeit ist bis heute in der Tat nicht erreicht. Die Sache ist bei Einfachheit der Grundlinien sehr verwickelt: Jedenfalls: Was zwischen Ihnen und mir über den Glaubensgehalt erörtert wird, ist etwas ganz anderes, als was in der Diskussion über das Wesen des ursprünglichen Verstehens stattfindet.

Sie unterscheiden existentiell und existential. Durch existentiale Analyse wollen Sie das Existentielle erkennen.

Dagegen behaupte ich also: Es ist ein radikaler Unterschied zwischen der Erhellung der Grundformen des Seins, als das wir uns finden, und dem durch Erhellung von Möglichkeiten an mögliche Existenz appellierenden Denkens. Die Erhellung jener Grundformen geht von einer Feststellung aus, die in Sätzen wie »All unser Dasein ist verstehendes Dasein«, »Verstehen ist die Weise der Gegenwart des Seins, das wir sind«, »Alles, was uns vorkommt, steht unter den Bedingungen der transzendentalen Vermögen unseres Gemüts«, »Alles, was ist, ist Erscheinung des Geistes in besonderer Gestalt«, »Was für uns ist, ist im Bewußtsein«, »was ist, ist Denken« und so fort Formulierungen findet. Diese Formulierungen gehen alle auf dasselbe, sind aber selbst stets schon bedingt durch eine Auffassung. Aus diesem Kreise gelangen wir nicht hinaus, wir können nur versuchen, ihn zu erweitern.

Nun ist der Versuch umfassender Erhellung der Grundformen zugleich die Orientierung in dem Raum, in dem durch Existenzerhellung das andere philosophisch gehaltvolle Denken stattfinden kann, das nicht selber diese Orientierung vermehrt, sondern durch seine Bewegung mögliche Existenz erweckt.

Was seit Kierkegaard Existenz heißt, kann nicht zum Gegenstand einer Lehre werden, wie die Weisen der Gegenwart des Seins in den Weisen, wie ich mich finde, den Grundformen nach wohl eine Lehre wird. Wenn etwa Kierkegaard Stadien »lehrt«, so handelt es sich nicht um allgemeingültige Erkenntnis, sondern um Entscheidungen ungemein gehaltvoller Art, aus denen solche Sichten auftreten, die die Entscheidung bestätigen, sich selbst erhellen, aber nicht eine Erkenntnis bringen, die eines jeden Menschen Bewußtsein, wenn er sie versteht, als richtig anerkennen muß. Die unerreichte Tiefe Kierkegaardscher Einsicht besteht darin, daß er in seine Darlegungen die Explosionen einbaut, die sie rückgängig machen, und daß er über indirekte Mitteilung neben einigen offenbaren Entgleisungen, die durch die Objektivität des Sprechens fast unvermeidlich entstehen, das Erleuchtendste zu sagen vermochte.

Was nicht in existentialer Analyse, sondern in transzendentaler Erhellung zu gewinnen ist, scheint mir beträchtlich. Nur auf einen Punkt, der in unserer Diskussion eine Rolle spielt, weise ich hin:

Ohne Objektivierung ist kein Bewußtsein. Bin ich wach, so wird mir Helligkeit nur dadurch, daß mir etwas gegenständlich vor dem Auge oder dem Denken ist. Zu jedem Objekt aber gehört ein Subjekt. Wenn beide sich bis zu einem gewissen Grade voneinander lösen können, so immer auf Kosten der Wahrheit, sei es zugunsten einer bloßen Objektivität, zu der dann unser Subjekt gehört nur noch als der bloße Punkt, der allem Bewußtsein gemeinschaftlich ist, sei es zugunsten einer bloßen Subjektivität, zu der kein gültiges Objekt mehr gehört, die darum in das Dunkel des Eigenseins eines einzelnen sich zurückzieht und verwirrt.

Objekt und Subjekt gehören zusammen. Dies Grundphänomen unseres Daseins, unseres Bewußtseins und unserer möglichen Existenz nenne ich das Umgreifende. Zu jedem Subjekt gehört das ihm gemäße Objekt und umgekehrt. Zum Bewußtsein überhaupt, diesem »ich denke«, gehört die gültige Objektivität wissenschaftlicher Erkenntnis, durch die der gemeinschaftliche Bewußtseinspunkt des »ich denke« gehaltvoll wird; zum Dasein gehört die Umwelt, zur Freiheit der Existenz die Transzendenz. Es handelt sich darum, jedesmal die Kraft der Subjektivität gleichgewichtig zu gewinnen mit ihrer Objektivität. Daher sind die Sätze »die Subjektivität ist die Wahrheit« und »die Objektivität ist die Wahrheit« beide richtig, aber nicht gegeneinander, sondern miteinander.

Sie erkennen nun das Zusammenhalten der Objektivität des

Gesagten mit der Subjektivität des Sprechenden an, durch das es verwehrt ist, eine Seite zu isolieren und gegen die andere auszuspielen. Wo immer gesprochen wird, ist die Frage: wer redet? und: welche Art von Objektivität ist gemeint. Die Selbstverständlichkeit der Antwort: dieses faktische Individuum, und: es gibt nur Eine Objektivität, ist falsch. Daß und wie ich beide Seiten gliedere in die Weisen des Umgreifenden des Bewußtseins überhaupt, des Daseins, des Geistes, der Existenz, übergehen Sie, aber verwerfen mein Verfahren als überflüssige Spekulation. Aus meinem Vortrag konnten Sie in der Tat keine Kenntnis meiner Bemühungen um diese Dinge gewinnen (in meinen Büchern, vor allem »Von der Wahrheit«, »Vernunft und Existenz«).

Daß Sie, was ich von Transzendenz als dem »Umgreifenden alles Umgreifenden« sage, mit Schleiermachers Universum zusammenbringen oder gar mit dem Begriff des Geistes (im Sinne der Bildungswelt), beruht auf Unkenntnis meiner philosophischen Schriften. Ich glaube nicht, daß man entschiedener an der Transzendenz festhalten kann, als es, wenigstens im Sagen, in meinen Schriften geschehen ist. Ich brauche hier nicht darauf einzugehen. Sie finden sich bei meinen Sätzen an Kant erinnert. Nichts kann mir erwünschter sein, wenn es recht gemeint ist. Auch darauf gehe ich nicht ein.

In der Frage der Objektivität der Transzendenz für mögliche Existenz liegt nun die besondere nach der Persönlichkeit der Gottheit. Das ist keine Frage transzendentalphilosophischer Erkenntnis, sondern existentieller Erfahrung, auf die hin in existenzerhellender Bewegung, nicht in allgemeingültigen Bestimmungen gedacht werden kann. Sie werfen mir vor, daß in meinem Denken der »Ernst der Anrede, der Begegnung« verfehlt werde. Dazu, nicht dagegen kann ich nur sagen: In der Tat kenne ich ein Du, kenne ich Anrede und Begegnung nur unter Menschen. Aus Texten der Vergangenheit sprechen zu mir nur Menschen. Ich höre, in welcher Verfassung sie lebten. Die Transzendenz als ein Du zu erfahren, vermag ich niemandem zu bestreiten. Die Fiktion eines solchen Du als Chiffre der Transzendenz in Höhepunkten des Sichklarwerdens (»da wurden eins zu zwei«), als die Form des endlichen Wesens, das nur im Miteinander mit einem Du zu sich selbst kommt, ist philosophisch legitim. Wunderbar, wem es als Wirklichkeit zuteil wird. Aber ich glaube auch die Gefahr zu sehen. Wer seinen Gott hat, kann sich so leicht der Kommunikation in der Welt entziehen. Er braucht es nicht zu tun, aber man beobachtet, daß es geschieht. Wenn Sie mein Denken in Frage stellen durch Vermissen des »Ernsts der Begegnung« mit der Gottheit, so ich Ihr Denken durch das Vermissen der Aussagen über den Ernst der Kommunikation zwischen Menschen.

6. Sie sagen: daß die Anrede Gottes, die Begegnung mit dem Du der Gottheit bei mir keine Rolle spiele, sei ein Zeichen, daß ich die Geschichtlichkeit des menschlichen Seins nicht voll erfasse. Ich erwidere: Das Wort Geschichtlichkeit wird in abweichendem Sinne gebraucht. Die Verschiedenheit der Menschen, Völker und Kulturen, der Mythen und Religionen, der Denkweisen, das Leben jedes einzelnen Menschen aus seiner Herkunft, in bestimmten Situationen und mit bestimmten Chancen, seine Bindung an diese Bedingungen, das alles läßt sich ins Unendliche erforschen und bleibt im Ganzen unübersehbar. Nennen wir es das Historische. Nun findet jeder sich selbst darin, aber nicht nur so, daß er sich in der historischen Welt und seiner Herkunft auffaßt durch Orientierung, so daß er nun von sich wissen könnte, an welchem Ort er stehe (eine fälschliche Antizipation eines totalen Wissens durch eine immer winzige, zum Teil äußerliche, zum Teil verstehende Orientierung). Vielmehr findet der einzelne Mensch sich so, daß er sich in seiner ihm gegebenen Wirklichkeit als sich selbst übernimmt, sich entscheidet, sich gründet auf Entschlüsse; damit setzt er alle Orientierungen zum Mittel herab und übergreift sie durch das Bewußtsein des Ernstes, daß zeitlich entschieden wird, was ewig ist. Diese Paradoxie im Ausdruck ist für das, was hier getan und erfahren wird, unerläßlich, damit der Ernst nicht aus der zeitlich fortschreitenden Erscheinung der Freiheit in ein Gewußtes gerate und sich damit vernichte. In meiner »Philosophie« (Band II) nannte ich »Geschichtlichkeit« nicht das historisch Besondere, nicht diese Individualität und nicht diese Kennbarkeit. Vielmehr verstand ich unter Geschichtlich-

keit die Möglichkeit der Existenz, die Einheit von Zeit und Ewigkeit im Augenblick als Wirklichkeit zu vollziehen und zu erfahren. Diese Möglichkeit erfaßt sich aus der Freiheit der Existenz. Erst in dieser Geschichtlichkeit kann das sonst bloß Historische einen existentiellen Sinn gewinnen.

Wenn aber keine Geschichtlichkeit ist ohne das Du Gottes, so weiß ich in der Tat nichts von Geschichtlichkeit.

Die Geschichtlichkeit der Existenz ist in der frommen Seele gegenwärtig, ohne in Begriffen ausgesprochen zu sein. Sie ist die Unbedingtheit der Existenz in der Geschichtlichkeit ihrer Freiheit, die ihr im Entschluß durch die Transzendenz geschenkt und erfüllt wird. Wird sie aber in philosophischer Einsicht hell, so treten für das Wissen und damit für die Kritik zwei Folgen ein. Erstens überzeuge ich mich von der Nichtallgemeingültigkeit ihrer aussagbaren geschichtlichen Glaubensinhalte und Mythen, und komme daher zum Geltenlassen der Wahrheit des Anderen in seiner Transzendenzbezogenheit. Zweitens sehe ich, daß die Allgemeingültigkeit der Erkenntnisse für alle (rein werdend in den Wissenschaften) zusammenhängt mit ihrer Bedingtheit durch Voraussetzungen und Methoden dieser Erkenntnis und mit der Partikularität jeder ihrer auch scheinbar universalsten Möglichkeiten und mit ihrer existentiellen Gleichgültigkeit.

Die Objektivität der Transzendenz kann im Raum philosophischen Denkens nicht als eine einzige, in der Welt vorhandene, losgelöst bestehende vorkommen. Sie kann nicht als eine einzige einen sie Empfangenden verwandelnde Wahrheit diese Wahrheit für alle sein. Was vorkommt, ist selber geschichtlich und kann geschichtlich erwecken, ist aber nicht allgemeingültig in der Erscheinung, gerade weil es geschichtlich ist.

Sie sagen nun zwar: Nur als Ereignis im eschatologischen Geschehen, jeweils im Glaubenden, ist die Offenbarung wirklich, nicht als ein lehrbarer Offenbarungsinhalt. Aber Sie sagen auch: Die Anrede, die von Gott selber durch den Mund von Menschen kommt, nur hier und nirgendwo sonst stattfindet, daher Absolutheitsanspruch macht, stellt jeden Menschen, zu dem die Verkündigung dringt, vor die Entscheidung.

Ich frage noch einmal, was für eine Objektivität das sei, was da anredet. Es soll Gott selbst sein. Und ich frage: für welches Subjekt gilt die Anrede? Für das Subjekt, dem das Glauben-können zugleich mit der Anrede durch Gnade geschenkt wird?

Wie steht es dann mit jenen, denen diese Gnade nicht zuteil wird, und die doch die Worte der Verkündigung hören? Ich kann nur antworten: Keineswegs liegt im Hörenden, der sich hier vor keine Entscheidung gestellt sieht, Trotz, Eigenwillen, Empörung gegen Gott, Abwendung von Gott und wie sonst die Titel lauten, mit denen wir belegt werden. Die, denen jene Gnade, von der sie hören ohne sie zu verstehen, nicht zuteil wird, vermögen die Worte als Chiffren zu hören, zum Teil von großer Eindringlichkeit, vermögen mit ihnen im mythischen Denken wahlweise zur Erhellung ihrer Erfahrung zu operieren.

Die Entscheidungsfrage des Christentums in Ihrem Sinne ist, wie ich nicht zum wenigsten von Ihnen gelernt habe, gegenüber dem Wirklichen von Jesu Leben und Verkünden eine theologische Zutat, die bald nach Jesu Tod erfolgte. Denn Jesus stellt nur vor die sittliche Entscheidungsfrage des Lebens im Gottesglauben, eine wirkliche Entscheidungsfrage der Praxis des Lebens, die ein philosophierender Mensch hier mit einer ungewöhnlichen Eindringlichkeit, aber nicht hier allein hört, sondern auch bei den Propheten des Alten Testaments und bei Philosophen hohen Ranges. Von Ihnen wird die Entscheidungsfrage spezifiziert auf die Entscheidung gegenüber der »Anrede« Gottes durch den Mund der Urchristen. Für eine philosophische Einsicht verwechseln Sie dabei eine Fixierung, die für eine objektive historische Erscheinung die Allgemeingültigkeit für alle beansprucht, mit der Geschichtlichkeit. Sie verwechseln zugleich die Chiffre einer übersinnlichen Wirklichkeit, wie sie etwa in der Ausgießung des Heiligen Geistes einzig und unvergeßlich spricht, mit der Realität eines historischen Geschehens. Solche philosophische Einsicht muß ihre Grenze und auch die Grenze ihres Verstehenkönnens bekennen. Aber sie weiß sich nicht weniger durch Gottes Willen (mythisch gesprochen als Ausdruck für die Gründung des eigenen Wollens und Müssens, die rational nicht gerechtfertigt werden kann) bestimmt als der Theologe. Nur kann der Philosoph nicht wie der Theologe sich auf Gott berufen oder auf einen Auftrag von ihm.

7. In der heutigen Wirklichkeit christlicher Religion scheinen als Träger der Überlieferung drei Instanzen wesentlich, während die Substanz selber in der Bevölkerung liegt. Diese drei sind die Theologen, die Kirche und die Seelsorger. Nun scheint mir als einem bloßen Beobachter die Arbeit der Theologen unerläßlich für die Darreichung von Kenntnissen, aber sie vermögen den kommenden Seelsorgern nicht zu sagen, um Ihren Ausdruck zu gebrauchen, wie sie es machen sollen. Die Kirche ist unumgänglich für die Organisation, aber immer gefährlich und vor allem nicht verläßlich. Die Seelsorger aber erwecken und bestätigen die eigentliche Wirklichkeit des gläubigen Lebens. An ihnen liegt alles. Dazu hatte ich mir einige Bemerkungen erlaubt, die nicht Ihre Zustimmung finden, nämlich: zur Freigabe des mythischen Sprechens in seinem ganzen Umfange, – zur Bedeutung eines historisch richtigen Verstehens der Bibel für die Wirklichkeit des Glaubens, – zur Weise der Interpretation von Bibeltexten durch den Seelsorger.

Was hat das historisch richtige Verstehen mit der Wirklichkeit des Glaubens zu tun? Ich antworte: fast nichts. Kierkegaard sagte, die Erforschung des Neuen Testaments fördere keineswegs den Glauben. Es genüge der eine Satz: Gott ist als Mensch erschienen und für unsere Sünden gekreuzigt. Wenn ich recht erinnere, hat ein Theologe, Kähler, sich vor langer Zeit einmal in einer Broschüre, die ich las, nicht viel anders geäußert. Diesem Radikalismus folge ich als philosophischer Zuschauer nicht, daher sagte ich: »fast« nichts. Denn wenn Sie fragen, ob der Seelsorger hebräisch und griechisch verstehen, ob er durch die wissenschaftliche Erforschung der Bibel sich unterrichten solle, so würde ich das bejahen, aber aus anderen Gründen wie Sie. Erstens ist es erwünscht, daß die Seelsorger im Raum der abendländischen Bildung zu Hause sind, daß sie um Wissenschaft wissen, an der Universitätsidee praktisch teilhaben und nicht in der Abhängigkeit von immer verengenden kirchlichen Schulen erzogen werden. Zweitens, scheint mir, gewinnen sie die Unbefangenheit der Äußerung ihres Glaubens auch dadurch, daß sie den Leitfaden, an dem sie als dem heiligen Buch der Gemeinde die großen Wahrheiten durch Vorbild ihres eigenen Wesens und durch Art und Ton ihres

Sprechens überzeugend machen, auch historisch sachlich kennen. Ohne Bindung an historische Richtigkeit, über die sie jedoch methodisch verfügen, gewinnen sie die Freiheit zur Verwandlung der Glaubensobjektivierung zu der gegenwärtig glaubwürdigen und daher wirksamen Gestalt.

Angesichts meiner Darlegungen, mit denen ich die Mythen in Geltung lassen möchte und doch das Lebendigwerden eines Leichnams, Dämonen und magisch-kausale Wirkungen leugne, stellen Sie Ihre Frage »wie macht man das?« in der Form: »Wie würde Jaspers z. B. Röm. 5,12–21 oder 6,1–11 interpretieren, wenn er vor die konkrete Aufgabe gestellt würde?« Meinen Sie, wie ich etwa als Pfarrer davon sprechen, oder wie ich als theologisch-historischer Forscher damit umgehen würde? Beides bin ich nicht, aber ich versuche mich in die Lage zu versetzen. Als Forscher würde ich, wenn ich es könnte, wie Sie in den kritisch-historischen Teilen Ihrer Werke Materialien vergleichbaren Sinns aus der Zeit und aus der Zeit vorher beizubringen suchen, um durch Vergleich den gemeinten Sinn des Verfassers möglichst deutlich zu verstehen. Ich würde wie Sie den Wortgebrauch untersuchen. Nicht würde ich auf diesem Wege eine Glaubenserkenntnis nachvollziehen, sondern nur einen sagbaren Glaubensinhalt verstehend kennen lernen. Eine existentiale Analyse, d. h. soweit ich Ihre Intention auf etwas, das mir als Forschung unmöglich scheint, verstehe, eine »Übersetzung« in einen Sinn, für den ich aus meiner philosophischen Auffassung von Mensch und Welt den Leitfaden gewinne, würde ich wissenschaftlich gar nicht versuchen. Als Pfarrer aber würde ich ganz anders verfahren. Ich würde, was die Forscher zum »richtigen« Verständnis des gemeinten Sinns beigebracht haben, zwar lesen, ich würde suchen, was ich in Ihren Büchern finde. Dann aber würde ich das alles liegen lassen und nun, ohne Befangenheit in dem, was damals gemeint wurde, nach einem anderen Prinzip verfahren, das ich etwa so rechtfertige: Es sind die heiligen Bücher, an deren Leitfaden die abendländische Welt sich seit ein und einhalb Jahrtausenden jederzeit ihres Glaubens vergewissert hat. Da kommt es nicht auf historisch erforschbare Richtigkeit, sondern auf den Geist des Glaubens an. Sie kennen viel besser als ich die darüber, zumal im protestantischen Bereich, erfolgten Diskussionen (über Wort und Geist). Wesentlich ist allein, so zu sprechen, daß am Text gegenwärtiger Glaubensgehalt aufgeht und in der Mitteilung zu einem gemeinsamen werden kann. Dafür ist die mythische Sprache ebenso unerläßlich wie die philosophische Spekulation, je nach Lage und je nach dem Kreise, zu dem ich spreche. Wie sich das vollzieht, ist nun, wenn es echt ist, das konkrete Tun dieses Pfarrers an diesem Orte mit diesen Menschen. Die Bibel hat als das sogar heute noch meist gedruckte Buch, als das Buch, mit dem bald hundert Generationen unserer Vorfahren gelebt haben, auch für den, der eine spezifische Heiligkeit nicht anerkennt, den Charakter des mit Ehrfurcht zu behandelnden Werkes. Daher hat dieses Buch das Vorrecht, daß wir bei seiner Aufnahme uns so wenig wie frühere Generationen an historisch-kritische Richtigkeit zu halten haben. Ebenso darf ein philosophischer Denker mit den Mythen umgehen (philosophischen Texten gegenüber würde ich diese Methode allerdings für durchaus ungerechtfertigt halten, denn solche Texte gelten nicht für eine religiöse Gemeinde und entbehren der Heiligkeit und haben einen Sinn, der bei Aneignung, wenn sie verwandelnd erfolgt, diese Verwandlung zum Bewußtsein bringen muß der Natur der Sache selbst wegen). Ich darf, sowohl wegen des Raums wie wegen meiner unzureichenden pneumatischen Kraft darauf verzichten, Ihnen jene Stellen so auszulegen, daß ich mir Gehalte darin vergegenwärtige, ohne an Paulus zu denken. Es sind auch in den mythischen gnostischen Vorstellungen gewiß außerordentliche. Ich dämpfe meinen Impuls, um mich nicht überflüssigerweise zu blamieren. Hinzuzufügen ist noch: ich würde auch Auferstehung, Dämonen und Magie nicht weglassen, wenn ich mit diesen Mythen so umgehen könnte, daß kein Hörer auf den Gedanken käme, es handele sich um Realitäten, und wenn trotzdem dabei etwas aufleuchten könnte, was ohne solche Bilder verloren bliebe.

8. In meinem Vortrag hatte ich gegen Sie die Thesen gerichtet, die ich noch einmal formuliere: ein modernes Weltbild gebe es nicht; was Sie die Bestimmtheit des modernen Weltbildes durch die Wissenschaft nennen, sei nichts anderes, als

was es seit Jahrtausenden an materialistischem, sensualistischem, realistischem Denken gebe; mit moderner Wissenschaft habe der heute universale Wissenschaftsaberglaube kaum etwas zu tun, außer dem, daß ein sachlich kleiner Ausschnitt dieser Wissenschaft durch seine technischen Folgen derart imponiere, daß der Wissenschaftsaberglaube darin die stärkste Stütze erhalte; und hier in dem technischen Denken über gar nicht technisierbare Handlungen und Verhaltungsweisen führe der Wissenschaftsaberglaube zu einem spezifischen, dem unzerstörbaren magischen Unfug analogen, verwüstenden Tun. Sie wollen sich, wie Sie sagen, ersparen, darauf einzugehen. Meinerseits brauchte ich viel mehr Raum als hier zur Verfügung steht, um Ihre Anschauung aus Ihren Schriften zu belegen, und um das, was ich anderwärts über moderne Wissenschaft gesagt und woraus mir Ihr Irrtum aufweisbar scheint, deutlich zu machen. Aber ich halte dies für ein Thema, für das mit wissenschaftlichen Mitteln zwingende Überzeugung möglich ist.

Bei Diskussionen, wie der unsrigen, kann man den Unterschied spüren zwischen einer rationalen Diskussion über eine bestimmte Sache, d. h. einer wissenschaftlichen Diskussion und einer ganz anderen, die auf Lebensgehalte sich richtet. Nur im ersten Falle gibt es die Präzision des rationalen Gedankens, die Definition, die eindeutige Fragestellung. Im zweiten Falle kann man die Deutlichkeit einer Anschauung suchen, deren Begrifflichkeit in der Schwebe bleibt, ist aber alle Bestimmtheit von der Art, daß, wenn man sie zu gewinnen meint, man schon einig ist. Sachfragen ermöglichen eine rationale Diskussion mit dem Ziel und dem Maßstab der Richtigkeit für den Verstand überhaupt, Glaubensgehalte ermöglichen eine Mitteilung von inneren Verfassungen, von Ansprüchen und Entschlüssen mit dem Ziel des Sichaussprechens und des Erwiderns. Im ersten Fall ist das Medium die Bestimmtheit des Allgemeingültigen, im zweiten Fall eine auf direktem Wege unerkennbare Gemeinschaft aus der Vielfachheit existentieller Möglichkeiten. Im ersten Fall kann das Denken erzwingen, im zweiten Fall kann es nur hinweisen.

Wenn Wissenschaft das für jeden Verstand zwingend Erkennbare und daher faktisch sich allgemein Verbreitende und Anerkannte genannt wird, dann sind weder Philosophie noch Theologie Wissenschaften. Wenn dagegen Wissenschaft jedes Denken heißt, das methodisch verfährt, einen systematischen Charakter zu gewinnen sucht und sich auf seinem Wege auch der rationalen Mittel des Verstandes bedient, dann liegt es anders. Ich halte es für sachlich wesentlich, für richtig und gut, zumal heute, den Begriff der Wissenschaft im Gegensatz zum Gebrauch der alten Zeiten in jenem klaren, bestimmten, engeren Sinn zu nehmen und die Verschleierung der Grenzen zwischen beiden Erkenntnisweisen überall im Keime aufzuhellen. Das gilt vor allem für den Unterschied von Sachkenntnis und Glaubenserkenntnis.

Daß Sie bisher nicht geneigt sind, den Begriff der Wissenschaft theoretisch und praktisch in seiner Bestimmtheit und Universalität, wie er erst der modernen Welt aufgegangen ist, von den Griechen nur vereinzelt, nicht grundsätzlich erreicht wurde, sich zu eigen zu machen, zeigt sich u. a. in folgendem:

Wenn Sie sagen, in Theologie und Philosophie sei »die Einsicht in die Fragwürdigkeit des bis heute die Wissenschaft beherrschenden Denkens aufgebrochen«, so rühren Sie, denke ich, an eine sehr zweifelhafte Sache. Nichts ist gewisser und methodisch bewußter als wissenschaftliche Erkenntnis, wo sie rein auftritt. Es ist die Herrlichkeit unseres Zeitalters, daß es das gibt. Wenn manche Wissenschaftler, nicht die Wissenschaft, von einem fragwürdigen Denken beherrscht sind, so ist das ihre schlechte Philosophie, die sich fälschlich auf Wissenschaft beruft. Diese hat ihre historische (u. a. in Descartes) und sachliche Herkunft (durch naheliegende Verführungen bei der Auffassung der Bedeutung wissenschaftlicher Erkenntnis). Doch da Sie sich die Erörterung dieser Sache ersparen wollen, und ich Sie in Kürze nicht zur zwingenden Einsicht bringen kann, so beschränke ich mich zur Kennzeichnung dessen, was ich meine, auf einen vielleicht grotesken Wunsch: Ihre auch für einen Laien wie mich ausgezeichneten historischen Werke möchten gleichsam durchschnitten werden; einerseits wird das kritisch Erforschbare rein vorliegen; das dabei Herausgenommene aber würde in andere Gestalt als Glaubenserkenntnis, Glaubensverständnis, existentiale Interpretation oder wie Sie diese aneignende Erkenntnis sonst nennen, gebracht werden.

Was Philosophie sei, ist wissenschaftlich nicht zu bestimmen. Philosophie ist ein Akt der Freiheit und bestimmt sich selbst, nicht aus der Willkür einer Laune, sondern aus der Notwendigkeit eines sich in ihrem Denken aussprechenden Glaubensgehalts, eines Sehens und Wollens im Ganzen. Unter dem Namen der Philosophie tritt unter anderem auch die sogenannte wissenschaftliche Philosophie auf, mit dem Anspruch fachlicher, in der Erkenntnis fortschreitender Arbeit, die ihre Ergebnisse denen, die sie brauchen, zur Verfügung stellt. Ich leugne nicht, daß es eine immense Literatur dieses Charakters gibt. Aber ich vermag nur einen beschränkten Umfang verfügbarer Ergebnisse darin wahrzunehmen und sehe, daß dessen Grenzen nicht einmal grundsätzlich klar und einmütig begriffen sind.

Es handelt sich um die logischen, vor allem die transzendental-logischen Erörterungen (von denen oben die Rede war) und damit um die Vergegenwärtigung des Raums, in dem alles, was uns vorkommen kann, oder was wir sind, der Form nach erscheinen muß. Sie sind zwar tatsächlich bisher nicht zu allgemeingültiger wissenschaftlicher Einsicht gelangt. Auch diese philosophischen Einsichten haben einen anderen Charakter als alle anderen wissenschaftlichen Erkenntnisse. Aber wenn wir uns in diesem Raume bewegen, suchen wir doch allgemeingültige Erkenntnisse und meinen auch rational und mit jedermann identisch zugänglichen Anschauungen operieren zu können. Die klare Grenze aber zwischen solcher Erkenntnis der universalen Gegebenheitsformen und etwa den Denkoperationen der Existenzerhellung und Metaphysik ist nicht in einer Weise gefunden, die sich durchgesetzt hätte.

Ich habe mich philosophierend auf das Feld gewagt, wo alle Sätze rational leicht zu vernichten sind, wenn man sie gegenständlich und ihre Sache als Forschungsinhalt versteht, über den eine richtige endgültige Erkenntnis grundsätzlich möglich ist. Auf diesem Felde traf ich Ihre Entmythologisierung. Mit ihr gehen Sie dasselbe Wagnis ein dort, wo Sie mit ihr negieren, was nach Ihrer Meinung unhaltbar sei, wo Sie die Entscheidungsfrage stellen, wo Sie dem Sinne einer christlichen Verkündigung, wie Sie sie sich glaubend angeeignet haben, Raum schaffen wollen.

Die Diskussion muß ein Ende haben. Zwar glaube ich immer wieder den Punkt zu bemerken, wo wir uns treffen. Aber es bleibt ein Hintergrund, der gegenseitig schwer verständlich ist. Im einzelnen wären Mißverständnisse aufzuhellen, die ohne weiteres wegzuräumen sind.

Zum Beispiel: Sollte ich, in Verkürzung des Ausdrucks, von Offenbarungen in der Geschichte gesprochen haben, so meine ich nur das Vorkommen von Offenbarungsglauben, wie er, sehr anderer Gestalt, auch in Indien und China große Bedeutung hat. Wenn ich aber von Offenbarwerden von Wahrheit in Sprüngen der Geschichte spreche, so ist der Gebrauch dieses Worts allerdings mißverständlich: hier meine ich nicht Offenbarungen Gottes, sondern das Auftreten unvorhersehbarer und nachträglich nicht historisch als notwendig ableitbarer Schritte des Auftretens von Symbolen, Einsichten, Motiven, aus denen das Leben der Menschen bestimmt wurde.

9. Jedes Denken auf dem Felde der Unbeweisbarkeiten hat einen persönlichen Charakter. Dies ist nicht ein Nachteil, sondern hier vielmehr ein Kennzeichen der Wahrheit, wenn nicht die Laune der Individualität gilt, sondern die ergriffene Subjektivität zur unumgänglichen Gestalt eines Allgemeinen wird. Darum setze ich einen Augenblick fort, was ich in meinem Vortrag in einigen Sätzen über Sie begann. Nun aber erlaube ich es mir in persönlicher Anrede. Für diese Erwiderung habe ich von vornherein die Form eines Briefes gewählt, um wenigstens den Ansatz eines Gesprächs zu ergreifen. Wirkliche Kommunikation ist vor der Öffentlichkeit ohnehin kaum möglich.

Sie sind unzufrieden mit einer Reihe meiner Urteile, die in dem Vortrag zerstreut sind, und von denen Sie die provozierendsten zum Anfang Ihrer Antwort zusammenstellen. Damit gewinnen diese Sätze, herausgenommen und zueinandergefügt, eine Massivität, die wohl gegen mich einnehmen muß. Sie sagen, eine Antwort darauf sei nicht möglich. Das scheint mir durchaus richtig. Solche Urteile sollen im Zusammenhang einer Darlegung durch Schärfe aufmerksam machen, aber nicht für sich absolute Geltung haben.

Mir scheint, daß Sie Ihrerseits solche Urteile nicht ganz vermeiden. Meine Ausführungen, sagen Sie, sind wenig im Sinne echter Kommunikation gehalten. Ich entziehe mich dem hermeneutischen Problem. Ein echtes Miteinanderreden kann nicht statthaben, wenn, wie ich es tue, »die Intention des Gegners ignoriert wird«. »Nun, ich habe den Eindruck, – schreiben Sie – daß Jaspers ein wirkliches $\delta\iota\alpha\lambda\acute{\epsilon}\gamma\epsilon\sigma\vartheta\alpha\iota$ (Miteinanderreden) mit mir nicht für möglich hält, und zwar wegen dessen, was er als meine Orthodoxie bezeichnet.« Diese Urteile über meine Verletzung der Kommunikation treffen einen Zug, der ein wesentlicher in meinem Philosophieren ist: den Willen zur Kommunikation. Wenn Sie richtig urteilen, handle ich durch die Weise der Erörterung Ihrer Entmythologisierung meiner Philosophie entgegen. Daß ich so »sehr ex cathedra« spreche, ist eine praktische Verneinung meiner Philosophie. Sie treffen mit Ihrem Urteil, wie Sie wissen, meine philosophische Absicht ins Herz.

Darauf antworte ich zunächst: Bitte, bedenken Sie, daß mein Vortrag sich nicht in erster Linie kommunikativ an Sie wandte, sondern über Sie zu einer Öffentlichkeit sprach, und zwar, von einem Theologenkreise eingeladen, über eine von Ihnen mit so großer Wirkung in der Theologie aufgestellte Gedankengruppe und über das geistige Wesen, auf dessen Boden diese Gedanken mir gewachsen zu sein scheinen, das heißt von jener Seite Ihrer Persönlichkeit, die mir untrennbar von der Art dieser Gedanken schien. Dieser Vortrag ist kein kommunikativer Akt. Es scheint mir, daß er kaum unter dem Gesichtspunkt seiner kommunikativen Qualitäten beurteilt werden darf.

Dann antworte ich: Mir scheint auch innerhalb der Kommunikation das Aussprechen radikaler Charakterisierungen gehörig als ein Mittel unter anderen. Daß Sie mir die praktische Verneinung meiner Philosophie vorwerfen, worauf ich so wenig antworten kann, wie Sie auf meine Urteile, mache ich Ihnen nicht zum Vorwurf. Ich hätte eher noch energischere Urteile dieser Art gewünscht. Denn wenn solche Urteile nicht aus bösem Willen entspringen (ich hoffe, daß dies auch bei den meinigen nicht der Fall war), so sind sie, selbst wenn sie schief, ungerecht, übertrieben ausfallen, für den Leser wie für den Getroffenen ein Anlaß zu prüfen. Es werden Lichter aufgesteckt, die vielleicht falsch beleuchten, aber Aufmerksamkeit erzwingen. Ich habe solche Urteile über mich stets als nützlich erfahren. Selbst wenn sie bösem Willen entspringen, können sie ein Etwas von Wahrheit enthalten. Unsere schlimmsten Feinde können unsere Helfer werden. So aber, denke ich, liegt es nicht zwischen uns. Sie jedenfalls antworten mir in einem Ton, der bei aller begreiflichen Gegnerschaft das Wohlwollen nicht preisgibt. Meinerseits, hoffe ich, steht es nicht anders.

Und schließlich bitte ich, Ihnen auf diesen Vorwurf meines nicht kommunikativen Sprechens durch eine persönliche Erinnerung antworten zu dürfen. Wenn es sich um Gedanken handelt, in denen Lebensentscheidungen zwar nicht vollzogen werden, aber sich aussprechen, dann ist das Risiko der Rücksichtslosigkeit, denke ich, erlaubt. Konventionelle Höflichkeit und unpersönliche Sachlichkeit hören auf, wo einem ernst zumute ist.

Wenn Sie den Eindruck haben und ihn aussprechen, daß ich ein eigentliches Miteinanderreden zwischen uns nicht für möglich halte, und zwar wegen des ausschließlichen Wahrheitsanspruchs der geglaubten Offenbarung, so erschrecke ich. Es ist wahr, und ich will es doch nicht wahr haben. Es ist wahr in der Begründung durch den Ausschließlichkeitsanspruch, es darf nicht wahr sein, was Ihre Persönlichkeit und mich betrifft. Daß ich Ihre Entmythologisierung als Thema wählte, hatte einen zweifachen Grund. Erstens meinen geistigen Zorn gegen die Entmythologisierung, die in Verbindung steht mit jener Orthodoxie, die den Satz schreiben ließ, der Gottesgedanke ohne Christus sei ein Wahn vom christlichen, also von Ihrem Standpunkt aus. Ob Sie sich beim Schreiben eines solchen Satzes (im Studium generale, wieder abgedruckt in »Glaube und Verstehen«, Band II) klar waren, daß Sie mit der Mitte des Philosophierens, das ich unter der Führung Platos, Plotins, Spinozas und Kants versucht habe, dieses ganze Unternehmen als Wahn verwerfen? Gewiß nicht, denn Sie werden überhaupt nicht an mich gedacht haben. Aber ich war auch nicht in meiner Person, sondern in der Philosophie betroffen. Im Zorn, Sie in bezug auf das Wesen der Philosophie so ahnungslos zu finden, habe ich mich zugleich Ihrer Rückhaltlosigkeit und Eindeutigkeit gefreut. Denn aus ihr nahm und nehme ich die Berechtigung, in Frage und Urteil in ähnlicher Weise auf das Ganze zu gehen wie Sie. Wohl ist es wahr, daß mir und den großen Philosophen, zu denen ich mit Ehrfurcht aufblicke, die Gottheit nicht persönlich begegnet. Aber die Gottheit ist doch nicht als bloße Idee, sondern wirklich, allumgreifend da. Das ist ein Wahn?

Zweitens aber war der Grund dieser Themawahl meine aus der Ferne seit Jahrzehnten bestehende, nie abgerissene, wenn auch einseitige gedankliche Kommunikation zu Ihnen. Als Sie während der zwanziger Jahre einmal in Heidelberg waren, einen Vortrag hielten, den Dibelius und ich einmütig bewunderten, eine Predigt in der Peterskirche hielten, die ich hörte, erstaunt über den orthodoxen, konventionellen Inhalt, so daß ich ihn mit dem Geist Ihres Vortrags nicht zusammenbringen konnte, und als Sie die Freundlichkeit hatten, mich zu besuchen, da legte ich Ihnen einige Fragen vor. Sie haben das alles gewiß vergessen. Nach Ihrem Besuch war ich noch lange betroffen. Ich sah Sie wie einen unerschütterlichen Granitblock. Meine Neigung für Sie war gegründet in der Knabenzeit, als ich Sie auf dem Schulhof des Oldenburger Gymnasiums sah (Sie waren einige Jahre jünger als ich), mich nicht getraute, mit Ihnen eine Beziehung zu suchen, Ihre leuchtenden Augen sah und mich Ihres Daseins freute. Jetzt erlebte ich bei jenem Besuch scheinbar die Unmöglichkeit, einen Kontakt zu gewinnen, eine Erfahrung, die mir symbolisch wurde. Ich klagte die Orthodoxie an. Damals schrieb ich mir die Sätze auf, die ergänzt durch andere Erfahrungen und typisiert in einer meiner Schriften anfangen mit den Worten: »daß in der Diskussion mit Theologen es an entscheidenden Punkten aufhört. Sie verstummen, sprechen einen unverständlichen Satz, reden von etwas anderem, behaupten etwas bedingungslos, reden freundlich und gut zu, ohne wirklich vergegenwärtigt zu haben, was man vorher gesagt hat, – und haben wohl am Ende kein eigentliches Interesse ...« (Philosophischer Glaube S. 61).

Wenn ich jetzt in Ihrer Entmythologisierung etwas angreife, in dessen Bann ich Sie zu sehen meine, so hat das einen objektiven Sinn, der mit den persönlichen Motiven koinzidiert. Der

Sinn Ihrer Entmythologisierung war nicht eine beliebige Meinung, die irgendwo auftaucht, sondern etwas, das ich um so mehr von meinem Raum her als Unheil sah, weil es auch einen Mann und einen Forscher von solchem Rang ergriffen hatte. So war das Gesagte eigentlich meine Antwort auf Ihr Wort vom Wahn. Darum wurde bei der Ausführung meiner Kritik der Gegenstand meiner Erörterung mehr die Orthodoxie als die Entmythologisierung.

Wenn nun meine jetzt an Sie geschriebenen Sätze Ihnen wieder als »ex cathedra gesprochen« erscheinen sollten, so bitte ich, mir dies in folgendem Sinne zugute zu halten: es ist in Kürze und Klarheit fast unumgänglich in apodiktischen Sätzen zu sprechen; ich mache von vornherein den Vorbehalt, daß in diesen Sätzen die Apodiktizität nur herausfordernd, nicht absolut gemeint ist. Aufhören kann diese Form nur in der mündlichen Diskussion, die, weil sie im Hin und Her Gründe und Gegengründe setzt, durch die Bewegung rückgängig macht, was einen Augenblick so apodiktisch auftrat; oder sie kann aufhören in der Ironie, die durch die Schwebe aller Sätze die Wahrheit zu spüren dem Hörer oder Leser anheimstellt, ein Verfahren, zu dem mir die Begabung fehlt.

10. Zum Abschluß wäre ein Wort gut über das Gewicht, das das Thema unserer Diskussion in der gegenwärtigen Lage der Welt hat. Dadurch könnte zwischen uns vielleicht eine tiefere Gemeinsamkeit fühlbar werden. Zwar scheinen Glaubensfragen allem nur Gegenwärtigen übergeordnet zu sein. Aber sie haben den Ort ihrer Bewährung doch nur in der Gegenwart. Aus dieser Gegenwart kommt ein Licht, in dem sich der Sinn unserer Diskussion begrenzt zeigt, ihr aber auch in bestimmbarer Richtung eine Bedeutung gegeben wird.

Keineswegs möchte ich hier unserer modernen Neigung zu weltgeschichtlichen Perspektiven nachgeben. Niemand weiß, was wird. Die Totalprognosen und die geschichtsphilosophischen Deutungen unseres Zeitalters trüben oft unser Bewußtsein, gnostische Erwartung eines Geschichtsprozesses verdirbt vollends unsere Vernunft. Aber wenn wir nicht wissen können, wohin die Weltgeschichte geht, so können wir doch einzelne gegenwärtig mögliche Perspektiven zur Orientierung versuchen. Wir können unabhängig von einem vermeintlichen triumphierenden Wissen von dem, wohin alles geht, entschieden sein in dem, wofür wir leben.

Jeder weiß heute von der Spannung zwischen Freiheit und Totalitarismus; wenige halten die durch sie bestimmte Rangordnung des für reale Entscheidungen Wesentlichen fest. Jeder weiß um die politische Realität dieser erdumspannenden Mächte; trotzdem ist vielleicht die Klarheit darüber, daß diese Realität in jedes Haus dringt, gering. Alle wissen, daß wir in einem Zwischenaugenblick leben, manchmal von unheimlicher Ruhe unter Drohung der Vernichtung durch nie gesehene Waffen; wenige, so scheint es, ziehen die Konsequenzen für ihr tägliches Bewußtsein.

Das Thema unserer Diskussion hat vielleicht in dieser Situation ein geringes Gewicht. Sie scheint nur ein später Widerhall früherer Kämpfe. Heute hat dieser Kampf der Vergangenheit um das, was christlich oder biblisch wahr ist, vielleicht nur noch den Wert eines Beispiels, an dem menschliche Möglichkeiten studiert werden, um klarer zu werden und besser zu begreifen, was heute wirklich zur Entscheidung steht, nämlich im Kampf um die Freiheit.

Wenn einst die ungeheure Gefahr der alles vertilgenden Assyrer über dem vorderen Orient lag und in unserer Situation etwas von fern Vergleichbares liegt, so bleiben uns die Propheten aus, die einen Wandel unseres Lebens, Glaubens, Hoffens und Tuns bewirken könnten. Statt dessen haben wir nur unsere biblische Überlieferung. Die Frage ist, was aus ihr wird.

Der biblische Glaube ist heute Millionen von Menschen fragwürdig. Er wird anderen Millionen immer unbekannter. Wohin es geht, weiß auch hier niemand. Vielleicht geht diese Glaubenswelt ihrem historischen Ende zu; dann würden in fünfhundert Jahren Menschenmilliarden leben, die nicht mehr von der Bibel wissen. Vielleicht aber ist oder wird der biblische Glauben noch eine Macht ersten Ranges. Es läßt sich über die Chancen nachdenken mit dem Sinn, die Wahrheit denken und tun zu wollen, die uns trägt.

In den Gestalten der Kirchen hat sich der biblische Glaube

140

in entscheidenden Augenblicken faktisch als unzuverlässig erwiesen. Wenn biblischer Glaube die Menschen prägen wird, die die Geschichte lenken, dann in einer Verwandlung, die zunächst noch verborgen ist. Es hat keine Bedeutung, über das nachzudenken, was nur durch die Wirklichkeit glaubender Menschen hervorgebracht wird. Aber unser Nachdenken über Glauben und Philosophie hat einen Bezug darauf.

Die Lage der christlichen Konfessionen scheint heute diese: Unaufhaltsam wächst die Macht der katholischen Welt. Deren Verwandtschaft mit dem Totalitarismus läßt bei den gewaltigen Unterschieden einen Vergleich nur in dem Sinne zu, daß die freie Welt sich gegen eine Alleinherrschaft der katholischen Kirche wie in der Vergangenheit so heute wehren muß. Wäre aber die Wahl nur zwischen marxistischem und katholischem Totalitarismus, so wäre der katholische wegen seiner geistigen Gehalte, wegen seines ursprünglichen biblischen Glaubens und wegen der Explosivstoffe, die die Bibel bewahrt, unendlich vorzuziehen.

Wenn die protestantische Form biblischen Glaubens sich halten soll – nicht wegen des Protestantismus, sondern wegen der Freiheit –, so zeigt sich ein zweifacher Aspekt: Im Protestantischen bedeutet die Reduktion des Mythischen, der Charakter des Bilderstürmens, die Verarmung der Lebensheiligung, der Festlichkeit des Lebens in allen seinen Phasen eine gewaltige Schwächung für die Massenwirkung. Die Größe des Protestantismus, die bildlosen Entscheidungen, die Verläßlichkeit der Gründung in der Transzendenz, die Kargheit der Tiefe sind wirklich nur in einzelnen Persönlichkeiten. Hier liegt die Stärke durch die Möglichkeit des Erwachsens solcher Menschen, die den großen Ernst und die große Nüchternheit und die sittlich-politische Höhe in das Handeln bringen.

Für die protestantische Welt scheint es daher keinen Sinn zu geben in der Anähnlichung an das Katholische durch Liturgie, Gepränge, Titel, Hierarchie und zentrale Lenkung. Das führt zur schließlichen Verschmelzung mit der Katholischen Kirche, scheint insofern von einem andern Standpunkt allerdings in Ordnung.

Auch die Rückkehr zum »Wort«, zu lutherischer oder calvinistischer Haltung scheint mir ein unfruchtbarer geistiger Gewaltakt für kleinere Gruppen ohne Durchdringung der Bevölkerung. An dieser Stelle lag meine Polemik.

Hoffnung sehe ich auf dem Boden der Liberalität, das heißt des eigentlichen Protestantismus, der als solcher in ständiger Bewegung zur Verwandlung des biblischen Glaubens in allen seinen Erscheinungen fähig ist. Auch hier kann niemand etwas planen und machen. Aber die Freiheit, bewegt von dem Pneuma des Gottesglaubens, das in der Welt von der Transzendenz her erfüllt, den Blick offen macht, Verschleierungen auflöst, den Realitäten ins Auge sieht und die Entscheidungen mit natürlicher Sicherheit der Vernunft aus jener Tiefe gewinnt, ist eine Bedingung auch dafür, daß politische Freiheit sich hält.

Das Thema unserer Polemik scheint mir in Zusammenhang zu stehen mit der Schicksalsfrage der Freiheit und diese mit den Möglichkeiten der protestantischen Welt.

Doch dieser Gesichtspunkt der Weltgeschichte, unseres Schicksals und unserer Verantwortung darin darf wiederum nicht das letzte sein. Was der Einzelne gegenwärtig ist in seiner Geschichtlichkeit, in der Ewigkeit des Augenblicks, überschreitet die Weltgeschichte, legt aber in seiner Winzigkeit auch mit den Grund zu einer ihrer Voraussetzungen. In dem, was den Einzelnen ermutigt, wird er sich durch die Wahrheit bestätigt finden, die er in den tiefen, unerschöpflichen Schriften der drei Jahrtausende findet, darunter auch in der Bibel als einem der unersetzlichsten Bücher.

Sie aber, dessen Gedanken ich zum Teil angegriffen habe, leben doch mit mir in der uns gemeinsamen Welt gegen den Totalitarismus in jeder Gestalt. Das Unrecht meines Angriffes läge, abgesehen von dem, worin ich mich irre, ohne es zu wissen, darin, daß bei solchem Angriff verloren ginge, was uns an dieser heute entscheidenden Stelle verbindet. Der Streit ist doch am Ende trotz der Schärfe nicht von jener Radikalität, die zwischen gut und böse liegt. Über alle Differenzen hinaus bedeutet mehr die Einmütigkeit zwischen uns angesichts des totalitären Lebens. Ich wünschte, das klarer zum Ausdruck gebracht zu haben.

Basel, April 1954   Ihr Karl Jaspers

Rudolf Bultmann

Sehr verehrter Herr Jaspers!

Für Ihren offenen Brief sage ich Ihnen meinen Dank. Ich muß mich heute damit begnügen, meiner Freude darüber Ausdruck zu geben, daß mir in ihm ein Wille zur Kommunikation begegnet. Auf ihn im einzelnen einzugehen, muß ich mir vorbehalten; ebenso, ob das in einer direkten Antwort geschehen wird, oder ob ich in anderem Zusammenhang Anlaß haben werde, mich mit Ihren Gedanken auseinanderzusetzen.

Ihr Rudolf Bultmann